KB156006

지역학총서1

울산의 암각화
울산 대곡리 반구대 암각화론

전호태 지음

UUP

울산의 암각화

2005년 1월 4일 초판 인쇄
2005년 1월 10일 초판 발행

지은이 전 호 태
발행인 정 정 길
편집인 김 호 연
발행처 UUP(울산대학교출판부)
        680-749 울산광역시 남구 무거2동 산29번지
        ☎ 052-259-2488, FAX. 277-3011
        등록 울산시 제20호(1997.7.15)

ISBN 89-7868-864-0   정가 5,000원

울산의 암각화

울산 대곡리 반구대 암각화론

책을 열며

　울산은 한국 암각화 유적의 중심이다. 암각화와 명문으로 빼곡히 채워진 천전리 서석이 국보147호로 지정되었으며, 고래 그림으로 유명한 대곡리 반구대 암각화 유적 역시 국보285호로 지정, 관리되고 있다. 국내에서 발견된 암각화 유적은 20여 곳을 넘어선지 오래지만 국보로 지정된 대형 암각화 유적은 아직까지 울산에만 있다. 천년 왕국 신라의 외항으로 기능하면서 신라 문물 수출입의 창구로 기능했던 울산은 이미 선사시대부터 우리 역사의 문화중심으로 여겨지고 있었던 것이다. 늦어도 신석기시대에는 울산 태화강 유역과 해안 지대 곳곳에 마을이 세워졌고, 주민들은 다양한 도구를 이용하여 바다짐승과 뭍짐승을 사냥하거나, 물고기를 잡고 농사를 지으면서 역사의 장을 펼쳐 나가고 있었다. 반구대 암각화는 울산지역에 정착했던 선사시대 및 역사시대 초기 주민들이 남긴 저들의 삶에 대한 구체적이고 생생한 역사기록인 셈이다.

　그러나 안타깝게도 넓은 암면에 걸쳐 다양한 구성과 방식으로 새겨진 대곡리 반구대 암각화 유적에 대한 연구는 발견 30여 년이라는 시간의 흐름에도 불구하고 초보 단계를 거의 벗어나지 못하고 있다. 더욱이 댐 수몰유적이라는 환경조건으로 말미암아 보존상태는 나날이 악화되어가고 있다. 발견 이래 선사·역사유적으로서의 가치에 대한 평가와 보존 문제를 둘러싼 논의가 여러 차례 있었음에도 불구하고 실제 제대로 된 평가 및 이와 관련한 후속 조치는 미비한 상태로 남아 있다. 유적이 담고 있는 세계에 대한 연구 역시 답보 상태에 가깝다. 유적에 대한 전문적인 조사, 연구의 기초라고 할 수 있는 정확한 실측조사도면이 2000년 울산대학교박물관에 의해 작성되고, 2003년 국립문화재연구소에 의해 유적 암각화에 대한 입체영상촬영이 이루어져 분석결과가 기대되고 있으나 연구자층이 얇은 데에서 비롯된 연구상의 한계는 여전히 극복되기 어려운 상태이다. 학계와 일반의 적극적인 관심과 후원이 절실한 시점이다.

이 책은 필자가 울산대학교 박물관장으로 재직하면서 시행한 대곡리 반구대 암각화 실측조사 및 지속적인 유적 현황 조사, 관련 자료의 검토 등을 바탕으로 작성되었다. 2~3년에 한 차례씩 반구대 암각화에 대한 관심을 글로 정리해 내다보니, 쌓인 원고가 어느새 얇은 책 한 권을 낼만한 분량이 되었다. 이 책이 읽는 이들에게 귀중한 반구대 암각화 유적의 현재와 미래에 보다 깊은 관심을 기울이는 계기를 제공하기를 기대한다. 책의 출간을 권유한 김호연교수에게 감사하며 촉박한 일정에도 불구하고 원고의 정리와 편집에 힘써 준 울산대학교 출판부 직원들에게도 고마움을 전한다.

2005년 1월
문수산 기슭에서 전 호 태.

목차

1. 연구사

1) 입지

　대곡리 반구대 암각화는 울산의 중심하천인 태화강의 지류, 대곡천 중류의 암벽에 있다. 이 유적 일대는 1965년 사연댐이 만들어지면서 대곡리에 자리 잡은 큰마실, 건넌들, 서당마실, 지통마실 등 여러 마을과 함께 수몰되었다. 반구대 암각화 유적이 자리 잡은 대곡리는 본래 경주 외남면 대곡리와 언양현 중북면 대곡리로 나뉘어 있었다. 이후, 일제에 의한 행정구역 개편과정에서 1914년 언양면 대곡리로 통합되어 현재에 이르고 있다.

　반구대 일대는 1965년 대곡천 하류에 사연댐이 만들어지면서 지리상의 큰 변화를 겪게 된다. 현재 반구대 주변에 남은 일부 마을과 유적을 제외한 상당수의 마을과 기존의 크고 작은 교통로가 물에 잠기게 된 것이다. 대곡리에서 가장 큰 마을이던 큰마실, 건너각단 또는 건넌들이라 불렸던 신리(新里)마을, 서당이 있던 곳으로 알려진 서당마실, 종이 만들던 동네라는 뜻을 지닌 지통마실 등이 물에 잠겼고, 이들 마을에서 현재의 반구초등학교 사이를 이어주던 건너각단과 암각화 유적 사이의 계곡 길도 더 이상 통행이 불가능하게 되었다.[1] 1970년 수몰 상태에서 발견, 보고된[2] 암각화 유적은 이후 큰 가뭄이 있는 해의 일부 기간을 제외하면 연중 물에 잠겨 있다. 1995년 국보285호로 지정된 이후에도 유적을 둘러싼 이와 같은 환경조건은 크게 바뀌지 않고 있다.[3]

반구대 암각화는 사행성 하천인 대곡천 곁을 따라 수백m에 걸쳐 펼쳐진 수십m 높이의 암벽 가운데 한 곳의 아래쪽에 새겨졌다. 유적 앞을 흐르는 대곡천을 따라 2km 가량 거슬러 올라간 곳에 또 한 곳의 대규모 암각화 유적인 국보147호 천전리 서석이 있다. 두 암각화 유적 사이의 크고 작은 암벽 곳곳에 사람에 의한 것으로 보이는 바위새김의 흔적이 남아 있으나, 아직 전면적인 조사와 보고가 이루어진 상태는 아니다.[4] 울산지역의 중심부가 전반적으로 평지 사이로 얕은 구릉이 발달한 지형 조건을 지니고 있음을 고려하면, 수km에 걸쳐 깊은 골짜기가 발달한 이 일대가 자아내는 분위기는 독특한 면을 지닌다고 할 수 있다. 이곳이 암각화 제작 장소로 선정된 것은 이 지역이 지니고 있는 이와 같은 특이한 지형 조건 및 분위기와 관련이 깊은 듯하다.

평균높이 70m에 이르는 계곡 오른쪽 절벽은 돌 병풍을 이어 놓은 듯한 정경을 보여준다. 암각화가 가장 많이 새겨진 주(主) 암면의 위 부분이 앞으로 튀어나오고 주암면에 이어진 암벽이 90° 방향으로 강변 방향으로 꺾여 나와 주암면 부분은 석양 무

렵을 제외하고는 하루 종일 햇볕이 들지 않는다. 때문에 한낮에
도 음각그림이 선명하게 드러나지는 않는다. 주암면의 아래 부
분의 암반은 약간 경사지면서 넓게 펼쳐졌다. 또한 강 건너편은
완만한 경사를 이룬 산기슭의 비교적 넓은 하안대지(河岸堆地)
로 이루어져 있어 봄의 갈수기에는 다수의 사람이 모이거나 기
거할 수 있다.5)(사진 1)

사진 1) 반구대 암각화 주암면 부분

2) 연구사

잘 알려진 것처럼 국내에서의 암각화 연구는 울산 대곡리 반
구대 암각화 유적의 존재가 알려지면서 시작되었다고 해도 과언

이 아니다. 풍부한 내용과 사실적인 묘사, 회화적인 구성으로 말미암아 암각화 연구 역량의 상당 부분이 반구대 암각화에 기울여졌음도 연구자들 사이에는 널리 알려진 사실이다. 최근의 암각화 연구동향 검토에서도 확인되듯이 반구대 암각화의 경우도 주로 그림의 제작 시기, 새김법, 의미 해석, 유적의 성격 등을 주제로 연구가 진행되었다.6)

그러나 문화층 사이의 관계 검토나, 유물의 출토상황, 출토유물과 지표적 유물과의 비교 등의 방법을 바탕으로 특정 시기 유적, 유물의 편년이 가능한 고고학적 발굴조사 대상들과 달리 암각화 유적은 연대 추정을 위한 비교자료가 발견, 수습되기 어려워 객관성을 띠는 편년 결과를 얻기가 대단히 어렵다. 따라서 암각화 유적의 경우, 기존의 문화유적 편년방식과는 구별되는 방법론, 별도의 데이터를 바탕으로 편년을 시도할 필요가 있다. 반구대 암각화 유적 편년을 위한 주변지역 문화유적 검토에 앞서 기존 연구 성과를 정리하면 다음과 같다.7)

반구대 암각화 유적의 발견자 가운데 한 사람으로 학술지에 가장 먼저 보고 형식의 글을 실었던 문명대는 그림과 그림이 겹치는 부분에 눈길을 모았다. 덧그림에서 확인되는 형상 묘사의 선후관계에 대한 이해에 다른 지역 암각화 유적들 사이의 비교분석 결과에 대한 지식을 더하는 방식으로 반구대 암각화의 제작시기를 추정하려 한 것이다. 북유럽의 노르웨이와 러시아 시베리아 아무르강 유역의 암각화를 상호 비교한 뒤, 그 결과를 반구대 암각화 제작시기 추정에 대입시켜 유적 성립의 상한을 신석기 중기까지 소급할 수 있다는 견해를 제시하였다. 또한 암각화의 새김법을 모두 떼기와 선 새김으로 나눈 뒤, 다시 5가지로 나누었다.[8]

황용훈은 국내에서 발견된 암각화 유적 전반을 개관하면서 새김법에 따라 3가지 기본형식과 6가지 세부형식으로 나누었고, 반구대 암각화는 제1기법인 쪼아 파기로 제작되었다고 결론지었다.[9] 새김법에 따른 형식분류, 이를 통한 암각화 유적 사이의 선후관계 추정, 암각화 유적 성립의 상대편년 설정이라는 암각화 유적에의 접근단계와 방식은 이후 임세권, 장명수 등의 연구에도 일정한 영향을 끼쳤다.[10]

김원룡은 반구대 암각화에서 중국 한대(漢代)의 무기류와 비슷한 형상이 발견된다고 언급하면서, 암각화가 철기에 의해 제작되었을 것으로 보았다.[11] 그러나 이후의 연구에서 해당 형상과 유사한 무기가 일본 야요이시대 유적출토 유물에서도 확인됨을 지적하면서 반구대 암각화의 제작 상한연대를 청동기 후기까지 올려볼 것을 제안하였다.[12]

1980년대에 들어서면 반구대 암각화를 고고학자들과는 다른 관점에서 연구하려는 태도가 여러 학문분야 연구자 사이에 나타나게 된다. 김열규는 암각화에 새겨진 형상들을 신화학적으로 해석하려고 시도하였다.[13] 정동찬은 국내외의 고래잡이와 관련한 풍속, 울산 장생포 일대의 고래잡이와 관련한 증언 청취, 민속자료 수집 등을 기본 자료로 한 민족지적 접근을 통해 반구대 암각화를 이해하려 하였고, 그 결과 반구대 암각화는 수렵·어로 집단이 사냥과 관련된 교육과 의식을 행하기 위해 제작한 것이라는 결론에 이르렀다.[14)

1990년대는 국내에서 발견된 암각화 유적의 수가 크게 늘어나면서, 암각화가 관련학계의 주요한 연구주제의 하나로 떠오르는 시기이다. 임장혁은 암각화에 등장하는 형상에 대한 민속학적 해석을 시도하였으며,[15) 임세권은 암각화 새김법을 세밀하게 살펴본 뒤, 덧그림 관계 등 특수한 기법 및 그 결과에 대한 관심을 촉구하였다.[16) 황상일과 윤순옥은 울산만의 후빙기 해진해퇴(海進海退) 현상에 대한 지질학적 분석을 통해 관련학계에 반구대 암각화 제작 집단 및 시기와 관련한 지질상태 및 생활환경에 대한 주요한 연구정보를 제공하였다.[17) 황상일·윤순옥의 글은 반구대 암각화에 대한 자연과학 분야 최초의 전문 연구 성과이자, 암각화 유적의 분석과 이해를 위한 학제간 공동연구의 필요성과 가능성을 열어 놓은 연구사적 가치를 지닌 연구결과물이기도 하다.

1995년 한국역사민속학회 주최로 포항에서 열린 '한국 암각화의 세계' 학술 심포지엄은 이와 같은 관심과 성과에 힘입은 것이다.[18) 이 심포지엄은 암각화를 주제로 한 국내 최초의 종합 학술심포지엄으로 당시까지의 암각화 연구 성과를 돌아보고 앞으로의 연구방향을 정립하는 계기가 되었다. 이 심포지엄에서 반구대 및 천전리 암각화의 연구 성과 정리는 전호태가 맡았다.[19)

이어 1999년에는 울산대학교박물관이 '울산의 암각화'를 주제로 한 학술심포지엄을 통해 반구대 및 천전리 암각화에 대한 보다 구체적인 연구와 토론의 기회를 마련하였다.[20] 이 심포지엄에서 장명수는 반구대 암각화를 주제별로 분류하고, 각각 어로신앙, 수렵신앙, 벽사신앙의 표현으로 해석할 것을 주장하였다.[21] 김권구는 국내의 암각화 연구에 적용된 이론의 타당성을 검토하면서, 다양한 이론의 장단점에 대한 파악을 전제로 한 유적 연구에의 적용과 해석의 필요성을 제기하였다.[22] 또한 이 해에는 국내 암각화 연구자들이 모여 한국암각화학회를 발족시키며 심포지엄을 개최하고, 그 결과를 바탕으로 '한국암각화연구' 창간호를 간행하였다.[23] 이는 한국에서도 암각화학이 하나의 학문분야로 자리매김 되기 시작했음을 의미한다는 점에서 연구사적 사건이라고 할 수 있다.

2000년에는 울산광역시가 주최한 암각화 국제학술심포지엄이 서울 예술의 전당에서 개최되었으나, 암각화 연구상의 새로운 접근방법이나 해석방식은 적극 제기되지 못하였다.[24] 같은 해 울산대학교박물관은 반구대 암각화 유적 정밀실측조사를 시행하고 보고서를 발간하였다.[25] 울산대학교박물관에 의한 반구대 암각화 실측보고서 간행은 유적 발견 30년 만에 이루어진 연구 기초 자료의 확보라는 주요한 학술사적 의의를 지닌다.[26] 지금까지 살펴본 내용을 알기 쉽게 간략히 정리하면 표 1)과 같다.

표 1) 대곡리 반구대암각화 연구사 개관

연도	발표자	논문명 및 게재지	주요내용	편년	제작 및 표현기법	유적의 성격	연구사적 의의
1973	문명대	「울산의 선사시대 암벽각화」 『문화재』7	울산의 천전리, 반구대 암각화의 발견경위와 제작기법, 연대추정	신석기 중기	모두떼기와 선쪼기로 분류-하위 5가지로 세분	북유럽과 시베리아의 신석기 사만예술과도 관련이 있다고 추정	반구대에 관한 최초 보고서
1975	황용훈	「한반도 선사시대 암각의 제작기술과 형식분류」 『고고미술』127	반구대 암각화를 유럽, 중앙아시아 등의 연구성과를 바탕으로 새김법에 대한 형식분류를 시도	신석기말기-청동기 기전기	쪼아파기(제1기법)에 해당하며 형식분류상 세 가지 기본 형식과 6개의 세분형식으로 나눔	제작기법상 가장 오래된 암각기법이며 수렵사회의 소산물로 봄	제작과 표현기법에 대한 형식분류 시도
1980	김원룡	「울주반구대 암각화에 대하여」 『한국고고학보』9	암각화의 형상과 출토유물에 대한 비교를 통해 제작연대를 추정, 중국 漢代勢와 유사한 형상을 비교	초기철기 이후	–	–	암각형상과 역사유물과의 비교
1983	김열규	『한국문학사-그 형상과 해석』, 탐구당	암각에 새겨진 도형들을 시각적 언어로 이해하고 이를 신화적으로 해석	–	–	시베리아 샤머니즘과 관련	신화학적 해석
1983	김원룡	「예술과 신앙」 『한국사론』13	암각화의 특정 형상과 유사한 유물이 일본야요이시대에도 발견된다고 보고 절대연대의 상한을 상정	청동기 후기~ 원삼국 초기	–	암각화 유적지는 종족보존과 직결된 성지	–
1984	황수영 문명대	『반구대암벽조각』 동국대학교	유적의 발전경위와 조사과정, 암면의 실측도와 사진, 탁본도판, 동물형상을 동물분류학상에 의거해 분류 해설	신석기 말기~ 청동기	모두쪼기와 선쪼기 – 하위 세부 분류	수렵어로인들의 사냥 관련된 사냥미술	울산암각화에 대한 종합보고서에 해당
1984	임세권	「우리나라 선사암각화의 연구에 대하여」 『동양학논총』	암면에 새겨진 형상들을 제작기법별로 나누고 이들간의 선후관계를 고찰	신석기	선각화와 면각화로 구분	면각은 어로집단이 선각은 산악집단에 의해 새겨졌을 것으로 추정	중복그림에 대한 고찰
1986	정동찬	『우리나라 선사바위그림연구 -대곡리 선사바위그림을 중심으로-』, 연세대학교 석사학위논문	고래잡이와 관련한 풍속과 현지 조사를 토대로 비교 연구	신석기	선그림과 평면그림	사냥대상에 대한 지식과 사냥방법 분배의 법칙과 관련 있다고 봄	민족지(Ethnography)적 비교 연구

1991	임장혁	「대곡리 암벽조각화의 민속학적 고찰」『한국민속학』24	암각화에 등장하는 형상에 대한 민속학적 (의미)해석을 시도	청동기	-	정기적인 신년의례와 관련이 있으며 재생	민속학적 측면에서의 고찰
1994	임세권	『한국선사시대 암각화의 성격』단국대학교박사 학위논문	기존 암각화 연구에 대한 정리와 해석	청동기	면각과 선각 및 하위 5가지로 세분	제의 자체와 관련된 사항을 새긴 수렵예술	한국 암각화에 대한 종합적인 고찰
1995	황상일, 윤순옥	「반구대 암각화와 후빙기 후기 울산만의 환경변화」『한국제4기 학회지』	울산만의 후빙기 해진 해퇴를 통해 당시의 생활상과 제작연대를 추정	6,000~5,000BP	기존연구자들의 면각과 선각의 구분 수용	암각화에 해퇴 현상에 따른 생활상의 변화(어로→수렵)가 반영되었다고 봄	최초의 지리학적 접근
1996	정동찬	『살아있는 신화 바위그림』혜안	현지조사자료와 민족지자료를 바탕으로한 비교분석, 고래 형상에 대한 종류와 생태에 대한 해설	신석기	평면그림과 선그림	수렵·어로 대상에 대한 의식, 또는 교육의 목적으로 추정	암면 형상(고래)에 대한 생태학적 분석을 시도
1996	송화섭	「한국 암각화의 신앙의례」『한국의 암각화』한길사	한반도에서 출토된 선사시대 지닐예술과 벽面예술품(암각화)에 대한 종교적 해석 시도	신석기 중기		수렵·어로민들의 예술세계와 심미적 표현양식을 보여주는 선사미술	종교적대 상으로서의 암각화
1996	장명수	「한국 암각화의 편년」『한국의 암각화』한길사	새김새와 문화적 성격 분석을 통한 편년 시도	청동기	면쪼아 새김과 선쪼아새김	어로와 수렵에 대한 특별한 기술을 가진 전문집단이 경제활동의 풍성을 기원해서 새긴 것	새김법에 의한 종합적 편년 시도
1996	전호태	『울주 대곡리·천전리 암각화』『한국의 암각화』한길사	암각화 연구의 성과와 문제점, 연구과제 제시	신석기 후기~ 청동기 중기	면각과 선각	특정한 시기, 특정한 영역에 살던 주민들이 남긴 생활유적의 일부	암각화에 대한 과학적 기초연구 (古환경,지질,생태 등)의 필요성 강조
1999	김권구	「대곡리 반구대 암각화의 이해와 연구방향에 대하여」『울산연구』1	암각화 연구에 대한 이론적 검토와 편년에 대한 소개	청동기 후기~ 초기 철기	면새김과 선새김, 중간단계 (퀸트겐기법)	농경의 비중이 커지는 시대를 살던 어로수렵경제집단의 사회적 전략에 의한 의례	암각화 연구이론에 대한 검토
2000	울산대 학교박 물관	『울산반구대 암각화』	암각화정밀실측조 사를 통해 형상분류, 새김법확인, 조사방법 및 보존방안제시	신석기~ 청동기	쪼아파기의 다양한 단계	수렵,어로집단이 남긴 종교활동의 산물	개별 형상에 대한정밀 실측조사 보고

2000	전호태	「울주대곡리 반구대 암각화의 형상 재분류와 새김새 재검토」 『울산사학』9	암각화 형상의 유형별, 종류별 재분류, 새김법의 정밀검토	신석기 ~ 청동기	쪼아파기의 결과물로서의 면각,선각,덧 그림을 통한 형상변경		암각화 형상의 분류결과 및 실측치 제시
2001	장명수	『한국 암각화의 문화상에 대한 연구-신앙의 전개양상을 중심으로』인하 대학교박사학위 논문	국내에서 발견된 암각화유적의 현황, 유형분류, 편년, 신앙양상 정리	청동기	면새김과 선새김	수렵과 어로의 풍성을 기원한 감응주술적 생산신앙에서 가축과 집단의 보호를 위한 벽사신앙으로 이행하는 과정을 보여줌	국내암각화 유적이 보여주는 문화상에 대한 분석

위의 표 1)에서 보다 잘 드러나듯이 반구대 암각화에 대한 관심은 유적 발견 초창기인 1970년대에는 주로 암각화의 제작 시기와 새김법을 파악하는 데에 쏠렸으나, 1980년대에는 고고학 이외의 영역에서 접근이 이루어지기 시작하여 암각화의 제작 동기, 의미, 용도 등이 검토되었다. 이 시기에는 1984년 종합조사 보고서의 성격을 지니고 출간된 『반구대 암벽조각』이 연구자들에게 주요한 연구 기초 자료로 여겨졌다. 1990년대 중반부터는 20여 년 동안 이루어진 개별 연구 성과를 종합하고 연구방향을 새롭게 정립하려는 시도들이 학술심포지엄이라는 형태로 나타나는데, 그 대표적인 예가 앞에서 언급한 한국역사민속학회의 '한국 암각화의 세계'(1995), 울산대학교박물관의 '울산의 암각화'(1999)일 것이다. 울산대학교박물관에 의한 정밀실측조사보고서 '울산 반구대 암각화'(2000)는 국제암각화학계에서 그대로 사용될 수 있도록 암각화에 표현된 형상의 개별실측치 자료가 제시되었다는 점에서 유적 발견 이후, 지난 30년간 이루어진 암각화 조사와 연구에 한 획을 그은 성과라고 할 수 있다.

2. 형상론

1) 형상과 분류

2000년 4월부터 시작되어 12월에 마무리된 반구대 암각화 유적의 정밀실측 및 조사보고 작업 결과 널리 알려진 주 암면을 포함한 12개의 암면에서 암각화가 발견, 조사, 정리되었다.(도면 1, 2)[27] 현재까지의 정리 작업으로 확인된 여러 가지 물상의 수는 296점으로 물상의 암면 및 유형별 수량은 표 2)와 같다.[28]

도면 1) 반구대 암각화 암면 배치도

도면 2) 반구대 암각화 실측도

표 2)는 암면에서 확인된 개별 형상을 외형을 기준으로 상호 간의 유사관계를 고려하여 작은 단위로 묶고, 다시 보다 큰 단위로 묶는 상향분류 방식을 적용하여 정리한 결과이다. 특히 동물 형상의 경우, 외형적인 특징에 주로 근거하는 인위분류(artifical classification)방식을 바탕으로 먼저 종, 혹은 속별로 묶은 다음, 과나 목과 같은 상위 분류단위로 묶어 나갔다.[29] 이와 같은 방식으로 1차 분류된 형상은 다시 인물상, 동물상, 도구상, 정확한 내용을 알 수 없는 미상(未象) 등 크게 4가지 대 유형으로 나누어 묶었다. 대 유형으로 분류한 결과, 가장 비중이 높은 것은 총 개체 수 대비 비중이 65.2%에 이르는 동물상으로 나타났다. 다음으로 미상이 26.3%, 인물상이 4.7%, 그 외 배, 그물 등 도구상이 3.7%를 차지하였다. 이를 알기 쉽게 도표로 정리하면 표 3)과 같다.

표 2) 반구대 암각화 물상의 암면 및 유형별 수량

유형	세부유형	A면	B면	C면	D면	E면	F면	G면	H면	I면	J면	K면	L면	M면	N면	O면	합계	총합계
인물상	全身	2	1	6	2					1							12	14
	顔面			2													2	
동물상	偶蹄目	5	5	20	20	2	1	3	1								57	193
	食肉目	3	5	8	5	1	2						1	1			26	
	고래目	23	7	15	5	3	1	1		1			1			1	58	
	거북目	3		2	1												6	
	鳥類		1	2													3	
	魚類	1					1										2	
	미상	3	6	10	12			2	2				5		1		41	
도구상	배	2		1	1	1											5	11
	울타리	1	1														2	
	그 물	1									1						2	
	武器類	1															1	
	기 타	1															1	
미상	종류불명	10		8	5					1							24	78
	형태불명	10	8	16	10	2		2	1			2	3				54	
합계		66	34	90	61	9	5	8	4	3	1	2	10	1	1	1	296	296

표 3) 반구대 암각화 물상의 대 유형별 비중

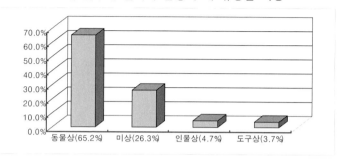

(1) 인물상(Anthropomorphes)

실측조사 결과 반구대 암각화 유적에서는 모두 14점의 사람 형상이 확인되었다.(도면 3) 이 가운데 12점이 측면으로 새겨진 전신상이며, 나머지 2점이 얼굴 부분만이 표현된 안면상이다. 전신상 가운데 남성의 성기로 여겨지는 부분이 발견된 것이 4점이다.

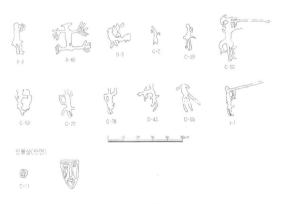

도면 3) 반구대 암각화 인물상

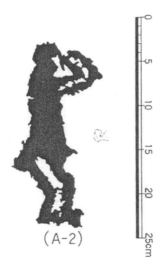

(A-2)

도면 4) 반구대 암각화 A-2

눈길을 모으는 사례로는 두 손을 얼굴 부근으로 올리고 두 다
리를 약간 구부린 A-2, 다른 동물 형상과 함께 새겨진 B-3, C-2,
C-72, D-43을 들 수 있다. A-2는 고래를 부르는,[30] 혹은 신에게
고래를 보내줄 것을 요구하는 주술사로 해석되는 존재이다.[31]
(도면 4) 기존의 보고도면들과 비교할 때,[32] 성기로 해석되는 돌
출부의 끝 부분이 그리 두텁지 않다. D-43은 맞은편에 보이는
사슴류의 짐승들 D-40, 41, 42을 향해 활과 유사한 도구를 들이
대는 듯한 자세이다.(도면 5) 사슴들을 활로 쏘아 잡는 실제의
사냥 장면,[33] 혹은 이미 있었던 상황을 재현한 그림의 일부로
이해된다. 이 장면과 관련하여 C-50의 인물을 나팔을 부

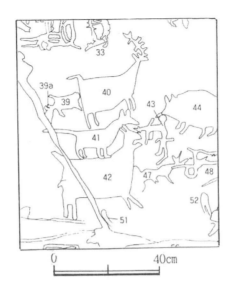

도면 5) 반구대 암각화 D 암면 부분

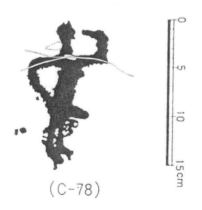

(C-78)

도면 6) 반구대 암각화 C-78

는 몰이꾼으로, C-78은 검을, D-43은 활을 든 사냥꾼으로 해석하면서 이 일대의 짐승들을 몰아 사냥하는 모습으로 보는 견해도 있다.[34] 그러나 실측에 이은 셀로작업 결과 C-78의 경우, 도구를 들고 있는지, 들고 있다면 어떤 도구인지가 명확하게 드러나지 않아 재고가 요청된다.(도면 6)

인물의 전신상 가운데 흥미로운 것은 두 팔과 두 다리를 벌린 채 서 있는 자세의 A-66이다.(도면 7) 사지 끝의 손가락과 발가락이 모두 표현된 이러한 사람 형상의 암각화는 세계적으로 유사한 사례가 널리 발견된다.[35] 대부분의 연구자들은 A-66을 샤만으로 해석하고 있으나,[36] 일부 연구자는 성기가 돌출한 형태로 표현되지 않았고 가슴부분이 부풀게 묘사되었음을 들어 여자로 이해하기도 한다.[37] 그런데 실제 현장조사에서는 일부에서 지적한 '가슴이 부푼 부분'이 확인되지 않았다. 오히려 사람 형상의 사타구니 아래쪽에 소수의 새김 흔적이 있었다. 따라서 A-66의 성(性)에 대한 판단을 바탕으로 한 여러 가지 해석은[38] 재검토의 여지가 있다고 하겠다.

C-11, C-70은 이미 잘 알려진 물상으로 보다 강한 주술적 기능이 상정된 탈로 이해되기도 한다.[39](도면 8) 그러나 두 형상의 기능과 성격에 대한 분석이 아직 미진한 상태임을 고려할 때 일단 안면상으로 분류한 상태에서 머무르는 것이 아직은 타당할 듯하다.

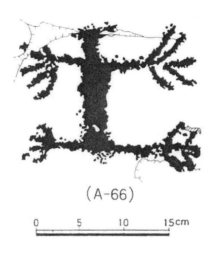

(A-66)

0   5   10   15cm

도면 7) 반구대 암각화 A-66

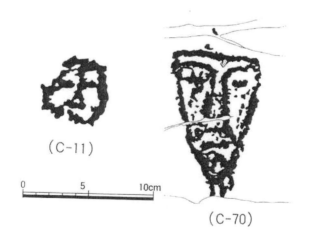

(C-11)

0   5   10cm

(C-70)

도면 8) 반구대 암각화 C-11, C-70

(2) 동물상(Zoomorphes)

193점이 확인된 동물상은 크게 바다짐승과 뭍짐승으로 나눌
수 있다. 목, 과 단위로 살펴보면 사슴, 양, 멧돼지 등을 포함한 우제
목(Artiodactyla)이 57점(도면 9, 10), 호랑이를 비롯한 고양이과
(Felidae), 여우, 늑대 등 개과(Canidae)와 족제비과(Mustelidae)로
분류될 수 있는 식육목(Carnivora)이 26점(도면 11), 조류 3점(도면
12) 등 뭍짐승류가 모두 86점이다. 바다짐승인 고래목(Cetacea)
은 58점(도면 13, 14, 15), 바다를 생활무대로 삼는 바다거북류,
분류상 거북목(Chelonia)에 속하는 것이 6점(도면 16), 모두 64점
이 바다짐승류이다. 이와 같이 동물상 가운데 식별, 분류 가능한
것은 모두 152점이며, 나머지 41점은 현재로서는 목이나 과 단
위로 나누기 어렵다.(도면 17) 종류미상으로 처리된 41점의 경
우, 앞으로 보다 전문적인 검토가 뒤따라야 할 것이다.

도면 9) 반구대 암각화 동물상 우제목1

도면 10) 반구대 암각화 동물상 우제목2

도면 11) 반구대 암각화 동물상 식육목

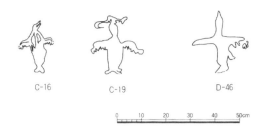

C-16   C-19   D-46

도면 12) 반구대 암각화 동물상 조류

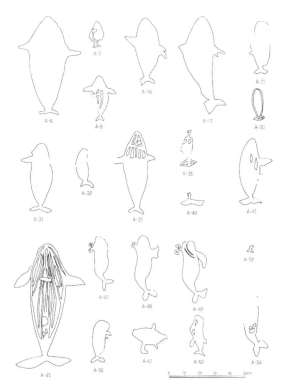

도면 13) 반구대 암각화 동물상 고래목1

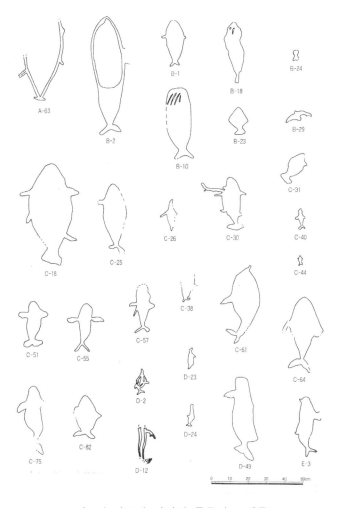

도면 14) 반구대 암각화 동물상 고래목2

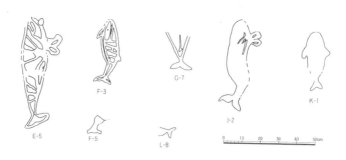

도면 15) 반구대 암각화 동물상 고래목3

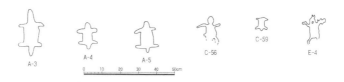

도면 16-1) 반구대 암각화 동물상 거북목1

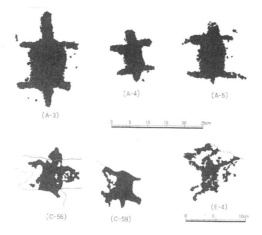

도면 16-2) 반구대 암각화 동물상 거북목2

도면 17) 반구대 암각화 동물상 중 종류불명

    뭍짐승과 바다짐승이 무려 200점에 가까운 것과는 대조적으로 암면에서 상어를 포함한 어류로 식별 가능한 것은 2점에 불과하다.(도면 18) 암각화 제작집단의 생활상 및 관념과 관련하여

주의되는 부분이다. 위와 같은 분류를 바탕으로 동물상 전체에
서 차지하는 각 종별 비중을 알기 쉽게 정리하면 표 4)와 같다.

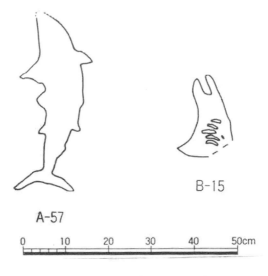

도면 18) 반구대 암각화 동물상 어류

표 4) 반구대 암각화 동물상의 대 종별 비중

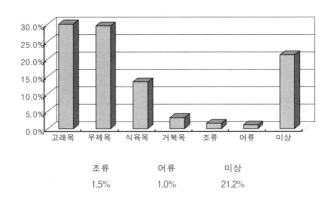

표 4)에서 잘 드러나듯이 동물상 가운데 단일목으로 가장 높은 비중을 지니는 것은 고래목이며 전체의 30%를 차지한다. 사슴을 비롯한 우제목(Artiodactyla)이 29.5%로 고래목과 거의 비중 차이를 보이지 않는 점이 흥미롭다. 이외 식육목(Carnivora)이 13.4%, 거북목(Chelonia) 3.1%, 조류 1.5%, 상어를 포함한 어류 1.0 %의 차례이다. 종류를 판별하기 어려운 동물상이 전체 비중의 21.2%에 이르지만, 이 가운데 전문가의 검토를 거치면 분류 가능할 것으로 보이는 사례도 다수 있다.

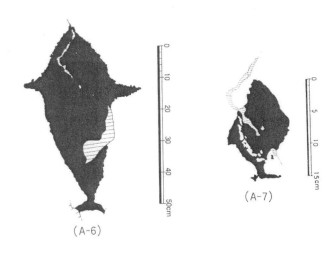

도면 19) 반구대 암각화 A-6, A-7

동물상 가운데 눈길을 끄는 것으로는 먼저 A-6, A-7을 꼽을 수 있다.(도면 19) A-6을 새끼 밴 고래로 보는 견해가 처음 제시되어[40] 이후의 연구자에 의해 수용되다가[41] 새끼고래를 업고 있는 어미 고래로 보는 입장이 더해졌으며,[42] 최근에는 A-7을 고래에 기생하는 물고기로 해석하는 설도 나왔다.[43] 한 가지 확실한 것은 실측조사를 통해 A-7의 좌측 부분에서 규칙성을 보이는 새김 흔적이 확인되었다는 점이다. A-7의 꼬리가 수평으로 표현된 점을 이러한 사실과 함께 고려해 볼 때, A-7 자체는 일단 고래의 일종을 나타낸 것으로 이해해야 할 듯하다.

동물상 가운데 다음으로 눈길을 끄는 것은 이미 많은 연구자들이 지적하였듯이 A면에 주로 나타나는 고래목 짐승들이다.(도면 20) 다른 형상에 비해 상대적으로 크게 표현된 고래들 가운데 특히 A-45는 전장이 80cm에 가깝다.(도면 21) 흰긴수염고래로 추정된[44] 이러한 종류의 대형 고래는 암각화 제작 집단에게도 강한 외경심을 품게 했던 것으로 보인다. 고래 사냥과 관련된 것으로 해석되고 있는 A-17, A-18과 A-29, A-30은 암각화의 제작 시기를 추정할 수 있는 실마리가 되는 것으로 오랫동안 연구자들의 관심이 집중되었던 부분이다.[45](도면 22, 23) A-18은 A-36과 함께 대곡리 반구대 암각화의 제작 시기를 청동기시대 이후로 내려보게 하는 중요한 근거로 제시되기도 하였다.[46] 실제 실측조사를 통해서도 A-18은 A-17의 몸에 꽂혔음을 드러내려한 듯 창 날 한 부분을 모두 쪼아내기로 나타냈으며, 창 끝 부분을 대단히 날카롭게 하여 재질이 금속임을 과시하려 한 듯 하였다.(도면 24) 실측조사 결과 A-29, A-30이 고래 사냥의 한 장면일 것이라는 기존의 추정 자체는 일단 큰 무리가 없는 듯하다.(도면 25)

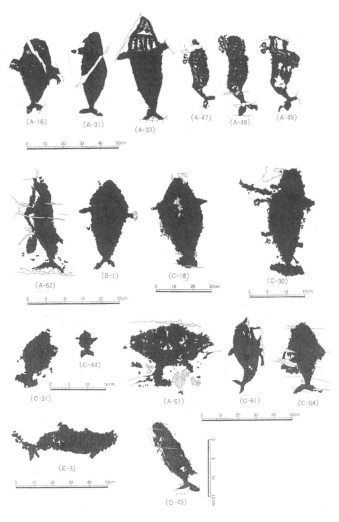

도면 20) 반구대 암각화 A 암면 고래

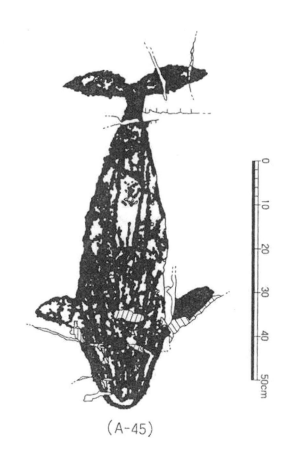

(A-45)

도면 21) 반구대 암각화 A-45

도면 22) 반구대 암각화 A 암면 부분 1

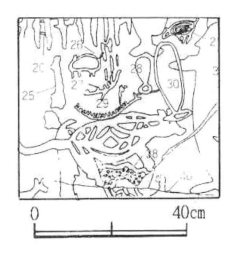

도면 23) 반구대 암각화 A 암면 부분 2

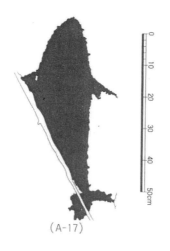

(A-17)

도면 24-1) 반구대 암각화 A-17

(A-18)

도면 24-2) 반구대 암각화 A-18

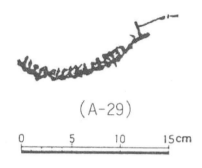

(A-29)

0   5   10   15cm

도면 25-1) 반구대 암각화 A-29

(A-30)

0   5'   10   15cm

도면 25-2) 반구대 암각화 A-30

조류로 분류된 C-16, C-19, D-46 가운데 C-16, C-19는 물개로 보다 많이 알려졌던 물상들이다.[47](도면 26) 그러나 최근의 조사와 연구에서 바다새로 보아야 한다는 견해가 제시되었다.[48) 두 물상의 머리 부분과 몸체 각 부분의 표현기법 등으로 볼 때 바다 새의 한 종류로 보는 것이 보다 타당한 해석일 듯하다.

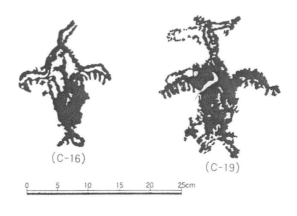

도면 26) 반구대 암각화 C-16, C-19

묻짐승의 경우 자세한 종류까지 판단하기 어려운 경우가 많으나 뿔이나 귀, 다리, 꼬리 등의 특정 부위가 지닌 특징이 잘 표현되고 있어 분류에 크게 도움을 준다. 이것은 암각화의 제작자들이 특정 종류의 짐승이 지니는 특징을 정확히 인식하고 있었으며, 그림을 새겨 넣으면서 이러한 면을 드러내는 데에 주의를 기울였음을 뜻한다. 예를 들면, 다른 동물을 잡아먹고 사는 식육목(Carnivora)의 경우, 대체로 몸통을 길게 나타내면서 호랑이를 포함한 고양이과(Felidae)의 짐승은 여기에 더하여 머리를 짧고 둥글게 표현한다던가,(도면 27) 여우나 늑대 같은 개과(Canidae)

의 짐승은 주둥이를 길게 나타내는 식의 처리방식이 그러하다.
(도면 28) 우제목 가운데 가장 빈번히 발견되는 사슴류는 뿔을
나타내는 방법 외에 엉덩이 부분을 풍만하게 묘사하는 방식을
쓰고 있어 우제목에 속하는 것으로 보이는 다른 짐승들과 뚜렷
이 구별되는 점도 눈에 띤다.(도면 29)

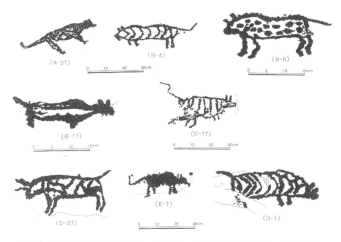

도면 27) 반구대 암각화 동물상 식육목 고양이과 동물들

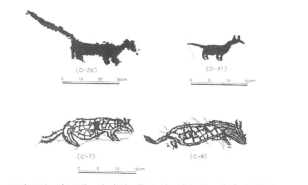

도면 28) 반구대 암각화 동물상 식육목 개과 동물들

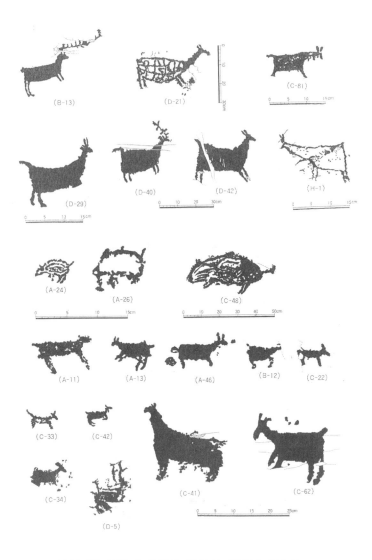

도면 29) 반구대 암각화 동물상 우제목 사슴류

묻짐승의 실측과정에서 주의를 끌었던 것 가운데 하나는 지금까지 멧돼지로 분류되었던 C-7, C-8, C-12에 대한 조사결과이다. 종합보고 이래 멧돼지로 분류되었던[49] C-7, C-8, C-12가 육안으로도 쉽게 확인할 수 있듯이 꼬리가 길면서 두툼하다는 사실이다.(도면 30) 실제의 멧돼지에게서 이러한 형태의 꼬리는 발견되지 않는다. 신체상의 제반 특징으로 볼 때, 이들 물상은 오히려 식육목의 한 종류로 분류하는 것이 타당할 듯하다.

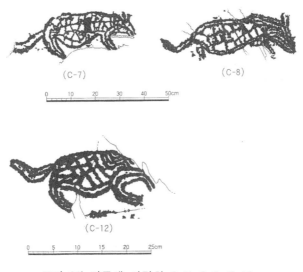

도면 30) 반구대 암각화 C-7, C-8, C-12

이밖에 동물상으로 보이나, 현재의 동물도감 등에서는 확인되지 않는 형상들도 다수 있다. 반구대 암각화의 다른 물상들이 대단히 사실적으로 표현되었음을 고려하면, 특정한 종류의 짐승을 나타낸 결과물로 보아야 할 것이다. 그러나 암각화 제작 당시의 종교적 의식과 관념이 대상의 표현에 영향을 끼쳤을 수도 있음을 염두에 둔다면 이 물상들이 지금은 멸종된 짐승의 형체를 나타냈을 가능성 외에 실제의 형상과는 거리가 있게 묘사되었을 가능성도 배제해서는 안 될 것이다.

(3) 도구상

반구대 암각화에서 발견되는 도구상 11점(도면 31) 가운데 배를 그린 것으로 판단되는 것은 모두 5점이다.(도면 32) 이 5점 가운데에는 A-29와 같이 고래잡이 장면으로 해석될 수 있는 그림이 있는가 하면, D-11과 같이 다른 형상들과 떨어져 표현되어 주변의 그림과 연결하여 해석하기 어려운 것도 있다. 때문에 D-11의 경우, 일부에서는 남해안의 띠배, 동남아의 '영혼의 배'와 관련한 민속조사 결과에 힌트를 얻어 죽은 고래의 영혼을 원초적 고향인 해신(海神)의 세계로 돌려보내는 혼선(魂船)으로 해석하기도 한다.[50] 그러나 주변의 그림들과 떨어져 표현되었을 뿐 고래잡이와 관련된 표현인지 조차도 알 수 없는 상태에서 D-11을 고래잡이 제의와 연관된 혼선으로 이해하는 데에는 무리가 따른다고 하겠다.

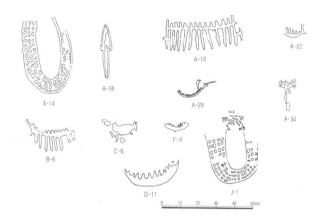

도면 31) 반구대 암각화 도구상

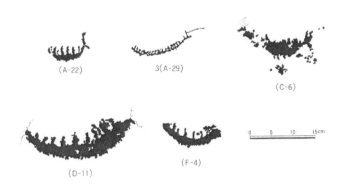

도면 32) 반구대 암각화 도구상 중 배

　B-6은 지금까지 종류미상의 짐승 B-7과 관련된 울타리로 해
석되었던 물상이다.[51](도면 33) 최근 이 물상을 배로 보려는 견
해도 제시되었는데,[52] 실측조사 결과로 볼 때 B-6는 형태상 배
보다는 울타리에 가깝다. 다만, 울타리로 해석하는 데에 이견이

없는 A-20과 비교해 볼 때,(도면 34) B-6을 B-7과 뭉뚱그려 한 물상으로 해석할 경우, B-6과 B-7는 특정한 형상으로 분류하기에는 과장과 변형이 심한 물상이다.

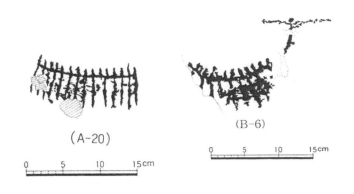

도면 33) 반구대 암각화 A-20   도면 34) 반구대 암각화 B-6

그렇다면 기존의 해석에서 한 걸음 나아가 이 물상들을 암각화 제작기법상의 형상 변형(transforme)그림으로 해석하는 것도 가능하다. 먼저 새겨진 그림에 대해 이후 다른 제작자가 같은 형상을 의도적으로 덧 그려 넣어 이 그림의 의미를 과장하거나, 변화시킨 사례로 볼 수 있다는 것이다. 일반적으로 암각화의 특정 형상 안에서 서로 다른 새김새가 발견되는 경우, 형상 변형의 결과일 가능성이 높기 때문이다. B-6, B-7이 이러한 변형의 사례에 해당한다면, 이 그림에는 서로 다른 제작자에 의한 두 차례의

작업 결과, 두 가지 이상의 관념이 겹쳐진 것으로 보아야 할 것이다. A-14는 1984년의 보고 이후,[53] 연구자들에 의해 거듭 추정되었듯이[54] 식육목에 속하는 짐승 A-15가 함정식의 그물에 걸려 든 모습으로 해석하는 것이 타당할 듯하다.(도면 35)

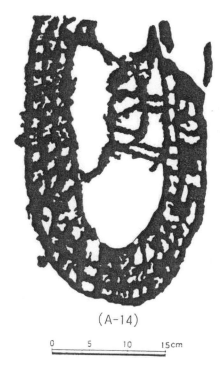

(A-14)

0   5   10   15cm

도면 35) 반구대 암각화 A-14

⑷ 미상(未象)

그림 상태는 양호하나 정체를 알기 어려운 사례, 그림의 마모 등으로 말미암아 형상 자체를 식별하기 어려운 경우 등은 미상으로 분류되었다. 일부 형상의 경우, 추상적인 개념을 나타낸 것으로 해석될 여지도 있으나 뚜렷한 근거를 제시할 수 없는 상태에서는 종류불명으로 분류하는 것이 타당할 것이다. 미상으로 처리된 78점 가운데 정체를 알기 어려운 사례가 24점으로 전체의 30.7%에 해당하고,(도면 36) 형태 불명인 것이 54점으로 69.3%에 달한다.(도면 37, 38)

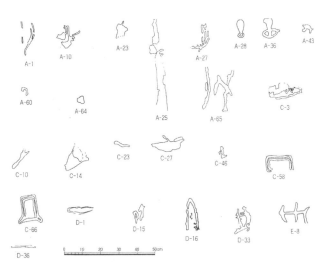

도면 36) 반구대 암각화 미상 중 종류불명

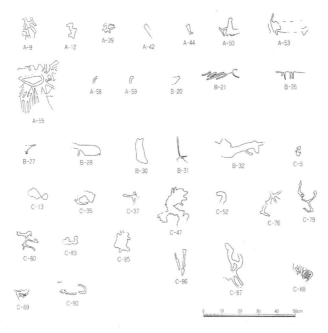

도면 37) 반구대 암각화 미상 중 형태불명1

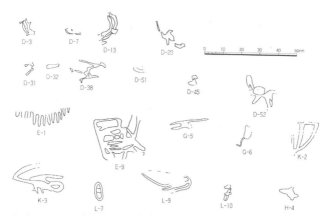

도면 38) 반구대 암각화 미상 중 형태불명2

A-1, C-14는 전체적인 형상이 고래의 윤곽선을 연상시키며, (도면 39) A-10, A-23, C-3, D-1, D-9, D-10, H-4는 미완성 그림으로 여겨지나 단정하기는 어렵다.(도면 40) 그림A-28의 경우

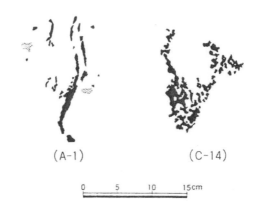

(A-1)　　　　　(C-14)

도면 39) 반구대 암각화 A-1, C-14

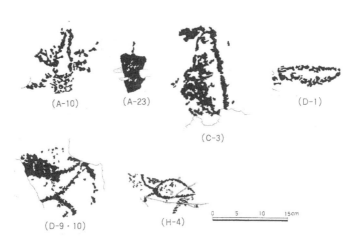

(A-10)　(A-23)　　　　　　(D-1)

(C-3)

(D-9 · 10)　　(H-4)

도면 40) 반구대 암각화 미완성 추정 물상

포경에 쓰이는 부구(浮具)로 보는 견해도 있으나,[55] A-27과 새
김새에 차이가 있어 한 장면을 이룬다고 보기는 어려우므로 재
검토가 필요하다.(도면 41) A-65, C-58, E-8은 매우 추상적인 형
태의 그림이어서 실제 특정한 형상을 묘사한 것인지, 기호(sign)
를 나타냈는지 판단하기 어렵다.(도면 42) 정밀한 검토가 뒤따라
야 할 부분이다.

　나머지 미상으로 처리된 물상들 가운데에는 식별 여부, 미완
성 여부 외에도 새김새에서 제작자에 의해 독자적 형상화가 의
도되고 있었는지 여부가 명확히 드러나지 않는 점 등 다양한 문
제를 지닌 경우가 많아 더 이상의 판단을 보류하였다.(도면 43)
이상과 같은 검토를 바탕으로 반구대 암각화에 나타난 물상의
종류와 실측치를 알기 쉽게 정리하면 표 5)와 같다.

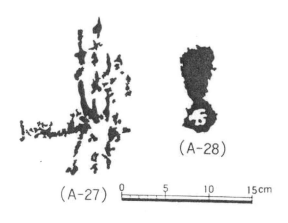

(A-28)

(A-27)

도면 41) 반구대 암각화 A-27, A-28

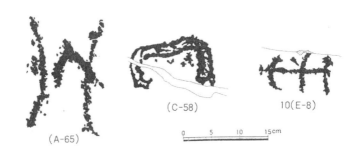

(A-65)

(C-58)

10(E-8)

0   5   10   15cm

도면 42) 반구대 암각화 A-65, C-58, E-8

    표 5)를 통해 확인할 수 있듯이 296점에 이르는 암각화 물상의 수치는 1984년의 종합보고 이후, 개별 연구자들의 노력에 힘입어 근래까지 확인된 217점 보다 79점이 많다. 표 5)의 개별 분류 번호 부여로 말미암아 증가된 수치를 감안하더라도 확인된 물상의 수가 크게 늘어났음을 알 수 있다. 암각화 유적에 대한 실측조사의 필요성을 되짚게 하는 부분이라고 하겠다. 추가된 물상의 종류를 암면별로 알기 쉽게 정리하면 표 6), 표 7)과 같다.

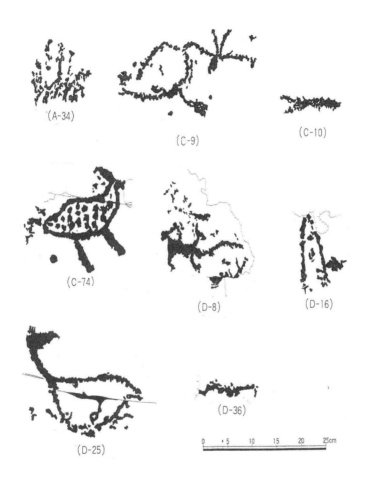

(A-34)

(C-9)

(C-10)

(C-74)

(D-8)

(D-16)

(D-36)

(D-25)

0 5 10 15 20 25cm

도면 43) 반구대 암각화 미상 중 재검토 필요 물상

표 5) 반구대 암각화 물상의 형상분류 및 실측 현황

번 호	유 형	세 부 유 형	길이(mm)	높이(mm)
A- 1	미 상	종류불명	78	182
A- 2	인물상	전신상	72	210
A- 3	동물상	거북目(Chelonia)	145	298
A- 4	동물상	거북目(Chelonia)	120	140
A- 5	동물상	거북目(Chelonia)	125	170
A- 6	동물상	고래目(Cetacea)	428	605
A- 7	동물상	고래目(Cetacea)	111	170
A- 8	동물상	고래目(Cetacea)	220	300
A- 9	미 상	형태불명	88	116
A-10	미 상	종류불명	132	128
A-11	동물상	우제目(Artiodactyla)	168	117
A-12	미 상	형태불명	56	84
A-13	동물상	우제目(Artiodactyla)	122	94
A-14	도구상	그물	270	386
A-15	동물상	식육目(Carnivora)	168	140
A-16	동물상	고래目(Cetacea)	270	440
A-17	동물상	고래目(Cetacea)	314	640
A-18	도구상	무기류	64	306
A-19	도구상	울타리	426	174
A-20	동물상	형태불명	158	62
A-21	동물상	고래目(Cetacea)	140	342
A-22	도구상	배	115	68
A-23	미 상	종류불명	55	80
A-24	동물상	우제目(Artiodactyla)	103	68
A-25	미 상	종류불명	40	140
A-26	동물상	우제目(Artiodactyla)	90	62
A-27	미 상	종류불명	123	183
A-28	미 상	종류불명	41	96
A-29	도구상	배	172	60
A-30	동물상	고래目(Cetacea)	69	200
A-31	동물상	고래目(Cetacea)	234	447
A-32	동물상	고래目(Cetacea)	94	257
A-33	동물상	고래目(Cetacea)	282	540
A-34	도구상	형태불명	100	123
A-35	동물상	고래目(Cetacea)	115	230
A-36	미 상	종류불명	96	105
A-37	동물상	식육目(Carnivora)	441	168
A-38	동물상	식육目(Carnivora)	138	94
A-39	미 상	형태불명	80	60
A-40	동물상	고래目(Cetacea)	163	72

A-41	동 물 상	고래 目(Cetacea)	220	420
A-42	미 상	형태불명	20	70
A-43	미 상	종류불명	50	70
A-44	미 상	형태불명	20	58
A-45	동 물 상	고래 目(Cetacea)	467	800
A-46	동 물 상	우제 目(Artiodactyla)	164	110
A-47	동 물 상	고래 目(Cetacea)	130	358
A-48	동 물 상	고래 目(Cetacea)	185	420
A-49	동 물 상	고래 目(Cetacea)	220	405
A-50	미 상	형태불명	110	110
A-51	동 물 상	종류미상	178	100
A-52	동 물 상	고래 目(Cetacea)	50	51
A-53	미 상	형태불명	44	98
A-54	동 물 상	고래 目(Cetacea)	150	374
A-55	미 상	형태불명	140	62
A-56	동 물 상	고래 目(Cetacea)	150	274
A-57	동 물 상	어류	164	412
A-58	미 상	형태불명	8	47
A-59	미 상	형태불명	11	40
A-60	미 상	종류불명	40	48
A-61	동 물 상	고래 目(Cetacea)	210	237
A-62	동 물 상	고래 目(Cetacea)	112	260
A-63	동 물 상	고래 目(Cetacea)	250	425
A-64	미 상	종류불명	44	50
A-65	미 상	종류불명	160	225
A-66	인 물 상	전신상	240	205

B- 1	동물상	고래目(Cetacea)	140	241
B- 2	동물상	고래目(Cetacea)	212	645
B- 3	인물상	전신상	80	92
B- 4	동물상	식육目(Carnivora)	420	130
B- 5	동물상	식육目(Carnivora)	270	39
B- 6	도구상	울타리	271	132
B- 7	동물상	종류불명	150	53
B- 8	동물상	식육目(Carnivora)	310	136
B- 9	동물상	우제目(Artiodactyla)	221	150
B-10	동물상	고래目(Cetacea)	140	390
B-11	동물상	우제目(Artiodactyla)	230	229
B-12	동물상	우제目(Artiodactyla)	95	70
B-13	동물상	우제目(Artiodactyla)	495	235
B-14	동물상	종류불명	110	80
B-15	동물상	어류	126	190
B-16	동물상	종류불명	110	170
B-17	동물상	식육目(Carnivora)	280	119
B-18	동물상	고래目(Cetacea)	330	86
B-19	동물상	우제目(Artiodactyla)	220	170
B-20	미 상	형태불명	50	40
B-21	미 상	형태불명	225	50
B-22	동물상	종류불명	290	150
B-23	동물상	고래目(Cetacea)	110	150
B-24	동물상	고래目(Cetacea)	40	60
B-25	동물상	형태불명	336	104
B-26	미 상	형태불명	170	50
B-27	미 상	형태불명	60	50
B-28	미 상	형태불명	160	60
B-29	동물상	고래目(Cetacea)	150	68
B-30	미 상	형태불명	42	130
B-31	미 상	형태불명	50	120
B-32	미 상	형태불명	111	239
B-33	동물상	형태불명	40	70
B-34	동물상	식육目(Carnivora)	150	82

C- 1	동물상	종류불명	430	140
C- 2	인물상	전신상	70	120
C- 3	미 상	종류불명	90	180
C- 4	동물상	우제目(Artiodactyla)	320	117
C- 5	미 상	형태불명	34	50
C- 6	도구상	배	210	110
C- 7	동물상	식육目(Carnivora)	540	165
C- 8	동물상	식육目(Carnivora)	580	190
C- 9	동물상	종류불명	285	150
C-10	미 상	종류불명	128	21
C-11	인물상	안면상	51	52
C-12	동물상	식육目(Carnivora)	298	123
C-13	미 상	형태불명	113	55
C-14	미 상	종류불명	111	149
C-15	동물상	안면상	340	280
C-16	동물상	식육目(Carnivora)	146	201
C-17	동물상	형태불명	150	110
C-18	동물상	고래目(Cetacea)	340	520
C-19	동물상	조류	220	222
C-20	동물상	우제目(Artiodactyla)	164	70
C-21	동물상	형태불명	70	50
C-22	동물상	우제目(Artiodactyla)	92	71
C-23	미 상	종류불명	90	20
C-24	동물상	식육目(Carnivora)	215	140
C-25	동물상	고래目(Cetacea)	205	355
C-26	동물상	고래目(Cetacea)	110	150
C-27	미 상	종류불명	190	90
C-28	동물상	식육目(Carnivora)	240	130
C-29	동물상	형태불명	210	160
C-30	동물상	고래目(Cetacea)	294	240
C-31	동물상	고래目(Cetacea)	103	170
C-32	동물상	우제目(Artiodactyla)	327	170
C-33	동물상	우제目(Artiodactyla)	88	45
C-34	동물상	우제目(Artiodactyla)	100	87
C-35	미 상	형태불명	100	90
C-36	동물상	우제目(Artiodactyla)	361	235
C-37	미 상	형태불명	90	60
C-38	동물상	고래目(Cetacea)	50	120

C-39	인물상	전신상	78	160
C-40	동물상	고래目(Cetacea)	58	110
C-41	동물상	우제目(Artiodactyla)	232	240
C-42	동물상	우제目(Artiodactyla)	75	46
C-43	동물상	종류불명	100	50
C-44	동물상	고래目(Cetacea)	40	47
C-45	동물상	우제目(Artiodactyla)	140	80
C-46	미 상	종류불명	45	60
C-47	미 상	형태불명	175	180
C-48	동물상	우제目(Artiodactyla)	497	250
C-49	동물상	우제目(Artiodactyla)	220	105
C-50	인물상	전신상	340	300
C-51	동물상	고래目(Cetacea)	180	250
C-52	미 상	형태불명	70	55
C-53	인물상	전신상	120	160
C-54	동물상	우제目(Artiodactyla)	95	87
C-55	동물상	고래目(Cetacea)	220	261
C-56	동물상	거북目(Chelonia)	130	135
C-57	동물상	고래目(Cetacea)	270	130
C-58	미 상	종류불명	162	89
C-59	동물상	거북目(Chelonia)	70	65
C-60	동물상	형태불명	70	150
C-61	동물상	고래目(Cetacea)	438	200
C-62	동물상	우제目(Artiodactyla)	208	195
C-63	동물상	종류불명	98	170
C-64	동물상	고래目(Cetacea)	235	378
C-65	동물상	식육目(Carnivora)	300	134
C-66	미 상	종류불명	140	150
C-67	동물상	미 상	30	48
C-68	동물상	우제目(Artiodactyla)	230	170
C-69	동물상	우제目(Artiodactyla)	70	50
C-70	인물상	안면상	136	180
C-71	동물상	우제目(Artiodactyla)	100	80
C-72	인물상	전신상	101	165

C-73	동물상	우제目(Artiodactyla)	176	116
C-74	동물상	종류불명	210	177
C-75	동물상	고래目(Cetacea)	284	160
C-76	미 상	형태불명	100	50
C-77	동물상	식육目(Carnivora)	450	270
C-78	인물상	전신상	85	160
C-79	미 상	형태불명	104	150
C-80	미 상	형태불명	80	50
C-81	동물상	우제目(Artiodactyla)	310	140
C-82	동물상	고래目(Cetacea)	140	220
C-83	미 상	형태불명	90	38
C-84	동물상	우제目(Artiodactyla)	230	220
C-85	미 상	형태불명	110	90
C-86	미 상	형태불명	20	130
C-87	미 상	형태불명	120	200
C-88	미 상	형태불명	112	77
C-89	미 상	형태불명	80	60
C-90	미 상	형태불명	120	115

D- 1	미 상	종류불명	130	39
D- 2	동물상	고래目(Cetacea)	72	131
D- 3	미 상	형태불명	60	90
D- 4	동물상	우제目(Artiodactyla)	120	41
D- 5	동물상	우제目(Artiodactyla)	120	76
D- 6	동물상	종류불명	90	62
D- 7	미 상	형태불명	91	32
D- 8	동물상	종류불명	170	75
D- 9	동물상	형태불명	160	48
D-10	동물상	형태미상	71	88
D-11	도구상	배	270	81
D-12	동물상	고래目(Cetacea)	76	152
D-13	미 상	형태불명	80	140
D-14	동물상	종류불명	130	21
D-15	미 상	종류불명	65	80
D-16	미 상	종류불명	60	140
D-17	동물상	종류불명	165	89
D-18	동물상	종류불명	163	55
D-19	동물상	식육目(Carnivora)	435	140
D-20	미 상	형태불명	70	64
D-21	동물상	우제目(Artiodactyla)	411	232
D-22	동물상	우제目(Artiodactyla)	90	80
D-23	동물상	고래目(Cetacea)	48	120
D-24	동물상	고래目(Cetacea)	40	121
D-25	동물상	종류불명	241	173
D-26	동물상	식육目(Carnivora)	308	160
D-27	동물상	식육目(Carnivora)	265	135
D-28	동물상	우제目(Artiodactyla)	80	90
D-29	동물상	우제目(Artiodactyla)	220	190
D-30	동물상	우제目(Artiodactyla)	250	220
D-31	미 상	형태불명	55	10
D-32	미 상	형태불명	70	21
D-33	미 상	종류불명	100	148
D-34	동물상	우제目(Artiodactyla)	120	94

D-35	동물상	우제目(Artiodactyla)	110	79
D-36	미 상	종류불명	138	8
D-37	동물상	우제目(Artiodactyla)	130	120
D-38	미 상	형태불명	200	160
D-39	동물상	우제目(Artiodactyla)	120	90
D-40	동물상	우제目(Artiodactyla)	311	325
D-41	동물상	식육目(Carnivora)	368	185
D-42	동물상	우제目(Artiodactyla)	340	310
D-43	인물상	전신상	158	182
D-44	동물상	우제目(Artiodactyla)	287	163
D-45	미 상	형태불명	50	55
D-46	동물상	조류	215	250
D-47	동물상	종류불명	220	100
D-48	동물상	우제目(Artiodactyla)	180	140
D-49	동물상	고래目(Cetacea)	150	438
D-50	동물상	우제目(Artiodactyla)	120	90
D-51	미 상	형태불명	22	60
D-52	미 상	형태불명	30	90
D-53	동물상	식육目(Carnivora)	304	130
D-54	동물상	종류불명	120	160
D-55	인물상	전신상	110	190
D-56	동물상	우제目(Artiodactyla)	90	70
D-57	동물상	형태불명	170	190
D-58	동물상	형태불명	65	30
D-59	동물상	우제目(Artiodactyla)	70	60
D-27a	동물상	우제目(Artiodactyla)	70	84
D-39a	동물상	우제目(Artiodactyla)	40	60

E-1	미 상	형태불명	240	65
E-2	동물상	우제目(Artiodactyla)	152	73
E-3	동물상	고래目(Cetacea)	260	100
E-4	동물상	거북目(Chelonia)	110	122
E-5	동물상	고래目(Cetacea)	165	490
E-6	동물상	우제目(Artiodactyla)	150	84
E-7	동물상	식육目(Carnivora)	170	74
E-8	미 상	종류불명	135	83
E-9	미 상	형태불명	240	190
F-1	동물상	식육目(Carnivora)	320	174
F-2	동물상	형태불명	110	45
F-3	동물상	고래目(Cetacea)	380	140
F-4	도구상	배	150	32
F-5	동물상	고래目(Cetacea)	92	104
G-1	동물상	우제目(Artiodactyla)	520	400
G-2	동물상	우제目(Artiodactyla)	490	362
G-3	동물상	우제目(Artiodactyla)	356	310
G-4	동물상	종류불명	210	106
G-5	미 상	형태불명	216	34
G-6	미 상	형태불명	40	70
G-7	동물상	고래目(Cetacea)	130	200
G-8	동물상	종류불명	40	88
H-1	동물상	종류불명	192	100
H-2	동물상	종류불명	176	84
H-3	동물상	우제目(Artiodactyla)	332	218
H-4	미 상	형태불명	114	80
I-1	인물상	전신상	256	200

J- 1	도구상	그물	321	451
J- 2	동물상	고래目(Cetacea)	185	570
K- 1	동물상	고래目(Cetacea)	150	308
K- 2	미 상	형태미상	104	170
K- 3	미 상	형태미상	282	150
L- 1	동물상	형태미상	260	148
L- 2	동물상	형태미상	120	84
L- 3	동물상	형태미상	330	80
L- 4	동물상	식육目(Carnivora)	176	70
L- 5	동물상	형태미상	76	74
L- 6	동물상	형태미상	84	76
L- 7	미 상	형태미상	48	100
L- 8	동물상	고래目(Cetacea)	50	102
L- 9	미 상	형태미상	264	74
L-10	미 상	형태미상	40	88
M- 1	동물상	식육目(Carnivora)	152	64
N- 1	동물상	우제目(Artiodactyla)	115	75
O- 1	동물상	식육目(Carnivora)	285	120

표 6) 반구대 암각화 암면별 추가 확인자료의 성격

암면	그림번호	합계	비고
A	12, 41, 42, 43, 44 52, 53, 58, 59, 60, 64	11	추가로 확인 된 것
B	20, 21, 22, 24, 25, 26, 27, 28, 29, 30, 31, 32, 33, 34,	14	형상분류 세분으로 증가된 것
C	5, 10, 11, 13, 17, 21, 23, 25, 26, 27, 35, 37, 43, 46, 47, 52, 60, 69, 71, 76, 79, 80, 88, 89, 90	25	추가로 확인 된 것
D	14, 15, 31, 32, 36, 45, 47, 52, 50, 54, 56, 57, 58, 59	14	추가로 확인 된 것
F	2	1	누락된 부분
G	1~8	8	추가 보고
H	4	1	누락된 부분
K	1~3	3	추가 보고
M	1	1	추가 보고
N	1	1	추가 보고
합 계		79	

표 7) 반구대 암각화 암면별 추가된 확인자료의 종류

암면	그림번호(형상)	합계	비고
A	12(미상), 41(동물상,고래) 42(미상), 43(미상), 44(미상) 52(동물상, 고래)53(미상형), 58(미상), 59(미상), 60(미상), 64(미상)	11	미상9 동물상2
B	20(미상), 21(미상), 22(동물상), 24(동물상 고래), 25(동물상), 26(미상), 27(미상), 28(미상), 29(동물상 고래), 30(미상), 31(미상), 32(미상), 33(동물상), 34(동물상 식육),	14	미상8 동물상6
C	5(미상), 10(미상), 11(인물상), 13(미상), 17(동물상), 21(동물상), 23(미상), 25(동물상), 26(동물상), 35(미상), 37(미상), 43(동물상), 46(미상), 47(미상), 27(미상), 52(미상), 60(동물상), 79(미상), 80(미상), 69(동물상 우제), 71(동물상 우제), 76(미상), 88(미상), 89(미상), 90(미상)	25	미상16 동물상8 인물상1
D	14(동물상), 15(미상), 31(미상), 32(미상), 36(미상), 45(미상), 47(동물상), 52(미상), 50(동물상 우제), 54(동물상), 56(동물상 우제), 57(동물상), 58(동물상), 59(동물상 우제)	14	미상6 동물상8
F	2(동물상)	1	동물상1
G	1(동물상 우제) 2(동물상 우제)-3(동물상 우제) 4(동물상) 5(미상) 6(미상) 7(동물상 고래) 8(동물상)	8	미상2 동물상6
H	4(미상)	1	미상1
K	1(동물상 고래) 2(미상) 3(미상)	3	미상2 동물상1
M	1(동물상 식육)	1	동물상1
N	1(동물상 우제)	1	동물상1
합계		79	미상44 동물상34 인물상1

2) 새김새

지금까지 반구대 암각화는 새김새를 바탕으로 크게 면 그림과 선 그림으로 분류되었다. 또한 덧그림 상황에 대한 판단을 바탕으로 면 그림이 선 그림보다 제작시기가 앞선 것으로 보았다.[56] 그러나 근래에는 이러한 분류를 바탕으로 한 상대 편년방식에 문제가 있다는 견해가 제기되고 있다.[57] 그렇다면 실제 상대 편

년의 근거가 된 해당 개별 형상의 새김새에 대한 실측조사 결과
는 어떠할까.

1984년의 보고에서 아래를 향한 고래로 파악된 A-63은[58] 이
후의 연구자들에 의해 선 그림으로 분류되었다.[59](도면 44) 그러
나 실측조사 결과에 따르면 A-63의 꼬리에 해당하는 부분은 몸
체의 아래쪽에서 발견되었으며 형상의 쪼아진 윤곽선 안에서 다
수의 새김 흔적이 확인되었다. A-63을 선 그림으로 해석한 기존
의 견해는 재고될 필요가 있다고 하겠다.

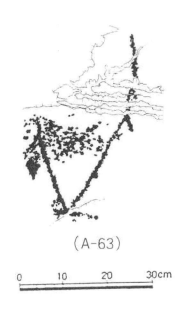

(A-63)

0   10   20   30cm

도면 44) 반구대 암각화 A-63

B-2는 미완성품,60) 렌트겐식 속보기 수법이 적용된 사례,61) 특정 종류의 고래를 표현한 것62) 등으로 이해되었다.(도면 45) 그러나 실측도면에서 확인할 수 있듯이 B-2는 형상의 아래 부분과 중간 부분 새김 밀도의 차이가 두드러지며, 외형상 A-1과 매우 닮았다. 따라서 B-2의 경우를 바탕으로 암각화의 제작 단계를 미루어 짐작해 본다면, ① 윤곽선을 쪼아 전체적인 형태를 먼저 새긴 다음, ② 내부의 특정 부위에서부터 차차 세밀하게 쪼아 형상의 특징을 드러내고 ③ 마지막으로 전체 형상을 마무리하는 방식이었을 것이다.

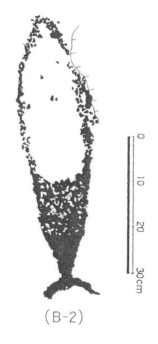

(B-2)

도면 45) 반구대 암각화 B-2

이러한 추정에 큰 무리가 없다면 이제까지 선 그림으로 분류 되었던 형상들 가운데 다수는 면 그림의 미완성 상태이거나, 표현 기법상의 결과물일 수도 있다는 해석이 가능하다.[63] 더욱이 선 그림이나 면 그림으로 나뉜 개별 형상들 사이에도 제작 기법 이나 새김의 깊이, 새김의 밀도 등에서 현저한 차이점이 발견된 다.(사진 2) 이런 점을 고려할 때 기존의 선, 면 분류에 기초한 편년방식은 재고되어야 할 것이다.[64]

사냥한 고래의 해체 장면으로 해석되는[65] E-5, F-3 역시 기존 의 선, 면 분류와 관련하여 재검토가 요구되는 그림 가운데 일부 라고 할 수 있다.(도면 46) 두 형상 모두 내부에서 새김 흔적 추 가로 확인되고 있어 이것이 특정 고래의 특징을 나타내기 위한 것인지, 제작과정의 한 단계를 나타내는 것인지 판단하기 어렵 게 만들고 있기 때문이다.

실측조사를 바탕으로 한 이와 같은 검토 결과를 고려할 때, 앞으로 행해질 국내의 암각화 유적 조사에서는 개별 형상에 적 용된 '제작 기법'과 '표현 기법'의 차이, 다양한 새김법의 적용 가능성, 개별 새김법의 단계, 덧그림을 통한 형상 변형 여부 등이 함께 검토되면서 압흔 채록(壓痕採錄)을 비롯한 다양한 채록방 법의 병행, 암각화 제작 도구를 추정하기 위한 모의실험 데이터 축적 등이 함께 이루어져야 할 것이다.

울산 대곡리 반구대 암각화 유적에 대한 30년만의 실측조사 보고는 비록 때늦은 감도 있으나 몇 가지 매우 주요한 학문적 정보를 제공해 주고 있다는 점에서 앞으로 학계의 암각화 연구

사진 2-1) 반구대 암각화 물상 중 새김새 비교가 가능한 사례1

사진 2-2) 반구대 암각화 물상 중 새김새 비교가 가능한 사례2

사진 2-3) 반구대 암각화 물상 중 새김새 비교가 가능한 사례3

사진 2-4) 반구대 암각화 물상 중 새김새 비교가 가능한 사례4

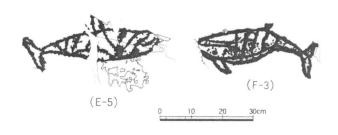

도면 46) 반구대 암각화 E-5, F-3

에 큰 도움이 될 것으로 보인다. 위에서 이미 살펴보았듯이 추가로 확인 보고된 80점 가까운 물상을 포함하여 암면에 새겨진 각각의 물상 모두에 고유 번호를 부여함으로써 개별 물상에 대한 기존 연구와 보고 뿐 아니라 앞으로 계속될 객관적 연구와 분석의 결과를 학계가 공유할 수 있게 하였다. 개별 물상의 실측 도면과 실측치 자체는 국제 암각화학계로 하여금 국내 암각화 유적에 대한 학문적 접근을 가능하게 한다는 점에서 연구사적 의미를 지닌다고 할 수 있다. 또한 울산대학교박물관이 암각화 유적을 실측하는 데에 사용되는 여러 가지 방법이 지닌 장점과 단점이 상호 보완될 수 있도록 사진 촬영, 실측, 탁본, 무색 비닐을 이용한 형 뜨기(일명 셀룰로법) 등의 방법을 적용하여 유적에 대한 입체적 접근을 시도한 점은 앞으로의 국내 암각화 유적 실측조사작업에 좋은 선례를 남긴 것으로 평가된다.

울산대학교박물관에 의한 실측조사보고를 바탕으로 대곡리 반구대 암각화 유적에 새겨진 각종 형상에 대한 재분류 결과 가장 눈길을 끈 것은 지금까지 알려졌던 것과 달리 방향에 대한 수정, 정체에 대한 재검토가 필요한 사례들이 확인되었다. 또한 새김새에 대한 재검토 과정에서 미완성, 혹은 형상 변형 등 개별 형상의 제작과정 및 제작기법에 대한 세부적인 분석이 뒤따라야 한다는 사실도 알게 되었다. 앞으로 한국 암각화 학계에 남겨진 과제라고 하겠다.

3. 편년론

1) 반구대 주변의 유적

(1) 구석기 및 신석기시대 유적

20여 개를 웃도는 한국의 암각화 유적 가운데 발견 이래 울산 대곡리 반구대 암각화 유적만큼 지속적인 논란과 관심의 대상이 된 경우도 드물다. 대부분의 암각화 유적들은 발견과 보고, 관련 논문 1~2편의 발표를 끝으로 세인의 관심에서 멀어지고, 전문가의 연구대상으로만 남는다. 이와는 대조적으로 반구대 암각화 유적은 발견 뒤 30여 년 동안 일반인 외에도 다양한 분야 전문가들의 관심과 접근의 대상이 되고 있다. 최근까지 유적에 대한 연구저서 및 논문만 20여 편 이상 발표된 상태이다.[66]

반구대 암각화 유적이 이처럼 지속적인 관심과 연구의 대상으로 남아 있는 이유는 무엇일까. 유적의 입지, 규모, 내용 등을 주요 요인으로 꼽을 수 있을 것이다. 특히 한 유적에 사람에서

각종 도구에 이르는 다양한 종류의 물상이 무려 300점 가깝게 표현된 다른 사례를 국내에서는 찾을 수 없음을 고려하면,[67] 암각화 유적으로서 '반구대'가 지닌 독특한 자리는 두 말을 필요로 하지 않는다.

그러나 발견 뒤, 흐른 시간과 유적에 쏟아진 관심에도 불구하고 반구대 암각화 유적이 담고 있는 역사적, 문화적 의문들은 상당수 풀리지 않은 채 남아 있다.[68] 누가, 언제부터, 무엇 때문에, 어떻게 이 유적을 만들었는지에 대해 관련 연구자 누구도 자신 있게 답하지 못한다. 유적에 던져지는 의문에 답할 수 있을 만큼 관련 정보가 제대로 축적되지 못하였기 때문이다. 유적이 바위그림으로 직접 언급하는 부분도 현재로서는 충분히 읽어낼 수 없을 뿐 아니라 유적 주변지역에 흩어져 있을 역사, 문화, 환경 정보들도 충분히 조사, 수집, 정리되지 못한 상태가 계속되고 있는 까닭이다. 이 장에서는 반구대로부터 일정한 반경 안에서 발견된 문화유적의 시기와 성격을 반구대 암각화 제작집단, 제작시기를 가늠하는 간접자료로 활용할 수 있는지를 유적 편년과 관련하여 검토하고자 한다.

민족지적 연구에 따르면 채집, 사냥 위주의 생활집단이 자원을 얻기 위해 움직이는 범위는 주거공간에서 반경 10km, 걸어서 2시간 거리 이내라고 한다. 그러나 이 정도의 거리도 일상적인 생활반경으로 보기에는 먼 거리라고 보는 견해도 있다.[69] 실제 거주지역이 고저와 굴곡이 심하고 환경구성이 복잡한 자연지형에 둘러싸였을 경우 등의 가변적인 요인들이 더해진다면, 반경 10km조차도 실제의 생활영역을 산출하기 위한 상징적인 기준선 이상의 의미를 지니기는 어려울 것이다.

그렇다면 반구대 암각화 유적과 암각화 제작 집단 주거지역과의 거리를 산정하는 기준선은 어느 정도로 잡아야 할까. 이 역시 일일생활권을 기준으로 지형조건 등을 고려하여 거리를 산정해야 할까. 반드시 그렇지만은 않은 듯하다. 반구대 암각화 유적이 당대인에게 어떤 의미를 지니고 있었는지에 따라 이 유적을 '생활권'안에 포함시킬지 여부가 결정되는 까닭이다. 이 유적이 관련 집단 성원의 일상적인 학습, 훈련을 위한 장소였다면 몰라도 특수한 목적을 위한 장소, 예를 들면 종교적 제의의 대상으로 여겨졌다면 굳이 제작 집단의 생활권 안에서 살펴볼 이유가 없기 때문이다.

암각화 학계의 일반적인 이해에 따른다면 반구대 암각화는 '종교적' 활동의 산물이자 대상이므로 '생활권'에 포함하여 묶기는 어려운 곳이다. 따라서 반구대 암각화 제작 집단의 흔적은 지형조건에 관계없이 반구대로부터 반경 10km, 심지어 20km 이상의 지역에서 찾아도 무리가 아니라는 잠정적 결론이 가능하다. 그럴 경우, 반구대에 암각화를 새긴 집단의 거주 가능 범위는 반구대로부터 직선거리로 반경 20km 내외에 해당하는 전 지역이 되므로 현재의 울산광역시와 경주시 대부분이 여기에 포함된다.

1장의 표 1)에서도 확인되듯이 반구대 암각화 제작시기에 대한 추정은 연구자에 따라 신석기 중기부터 삼한시대 초기[원삼국시대]까지 큰 차이를 보인다. 현재의 울산과 경주 일원에서는 이 시기에 속하는 유적들이 발견 빈도수에서는 차이를 보이나 시기별로는 대부분 확인 가능한 상태이다. 그렇다면 반구대 암각화 제작과 관련된 시기 및 집단을 추정하기 위해서는 울산 및 경주 일원의 해당시기 유적 전반을 개관할 필요가 있는 셈이다.

그러나 여기에서 유의할 것은 반구대 암각화의 주요제재 가운데 하나가 고래와 같은 바다짐승인 점에서도 확인되듯이 암각화 제작 집단의 주거지 및 생활권은 대곡천의 본류인 태화강과 뗄 수 없는 관계를 맺는 것으로 볼 필요가 있다는 사실이다. 바다짐승 그림의 제작 집단과 뭍짐승 그림의 제작 집단이 다르다고 하더라도 암각화의 입지와 대곡천, 태화강의 관계를 고려하면, 대곡천 상류 내륙지대 깊숙한 곳에서보다는 대곡천 중·하류 및 태화강 줄기를 따라 해안으로 이어지는 강변지대로부터 일정한 거리 안에서 암각화 제작 집단의 흔적을 찾는 것이 보다 합리적인 접근태도가 아닐까 생각된다. 그렇다면 반구대 암각화 제작 집단과 관련한 시기별 유적 검토의 대상범위는 현재의 울산 일대를 크게 벗어나기는 어렵다고 할 수 있다. 이와 같은 전제를 바탕으로 울산과 그 인근에서 확인된 구석기시대 이래 삼한시대까지의 유적 가운데 반구대 암각화 제작집단과 연계될 수 있는 것으로 어떤 것이 있는지 살펴보기로 하자.

현재까지 울산지역에서 조사된 문화유적 가운데 구석기사회의 흔적이 확인된 곳은 울주 언양 대곡리유적[70] 및 남구 무거동 옥현유적[71] 2곳이다. 대곡리유적과 옥현유적에서 찍개 등 구석기시대 유물이 수습된 것은 비록 해당시기 문화층에서 발견된 것은 아니나 이미 구석기시대부터 이 일대가 인간생활의 한 영역으로 여겨졌을 가능성을 시사한다는 점에서 주요한 의미를 지닌다. 대곡리유적은 반구대 암각화유적 인근이며, 옥현지역은 태화강 주변지역에 해당할 뿐 아니라 반구대로부터도 직선거리 10km 이내에 속한 곳이다. 반구대로부터 직선거리 25km 이상 떨어진 밀양 고례리 구석기유적은 거리상의 문제 외에 언양생활권과 밀양생활권을 나누는 해발 1,240m의 가지산이라는 지형적 장애요인 때문에 반구대 암각화와 연결 지어 고려하기는 어려운 사례에 속한다.

지금까지 울산지역에서 확인된 신석기시대의 유적은 대부분 현재의 해안선을 따라 분포한다.[72] 지표조사 및 발굴조사를 통해 확인된 울산지역의 신석기시대 유적으로는 울주 서생 신암리 유적[73], 울주 서생 황성동 세죽유적[74], 울주 온양 구봉리유적, 울주 온산 우봉리유적[75], 울주 웅촌 상대유적, 동구 주전동유적, 동구 일산동유적, 동구 방어동 동진유적, 동구 방어동 화암추유적, 동구 화정동 찬물락유적, 북구 신형동 장등유적, 북구 정자동유적, 남구 성암동유적[76] 등을 들 수 있다. 이들 가운데 울주 웅촌 상대유적을 제외한 다른 유적들은 모두 해안선에 잇대어 자리잡은 것이다. 울산지역 역시 신석기 문화와 내륙지역과의 관계는 그리 밀접하지 않음을 드러내는 부분이다. 태화강을 비롯하여 외황강, 동천 등 크고 작은 하천이 비교적 여럿 발달하였음에도 불구하고 울산지역 신석기시대의 주거공간이 해안에 치우쳐 있음은 그만큼 이 시기의 경제활동이 바다에 치우쳐 있었음을 뜻한다고 하겠다.

그러나 울주 서생 신암리유적이나 황성동 세죽유적의 예에서 알 수 있듯이 신석기시대의 패총에서는 바다짐승 및 어류 뿐 아니라 사슴, 돼지 등 반구대 암각화에 묘사된 뭍짐승의 뼈도 다량 확인된다. 특히 사슴은 반구대 암각화에 표현된 뭍짐승 가운데 출현 빈도가 가장 높은 종류 가운데 하나이다.[77] 이들 뭍짐승의 뼈는 비록 신석기시대에 해안지역에 거주한 이들이 바다를 주된 생업무대로 삼았다 하더라도 내륙지대도 경제활동의 범위에 포함시키고 있었음을 의미한다. 그렇다면 신석기시대 해안지역의 거주자들이 반구대 암각화와 관련 있을 가능성도 배제하기는 어렵다고 해야 할 것이다.

반구대 암각화와 관련하여 한 가지 더 눈길을 끄는 것은 울주 서생 신암리유적 및 황성동 세죽유적에서 수습된 흑요석제 유물들이다. 이러한 유물은 두 유적의 주인공들이 넓게는 일본열도와도 관련 있을 가능성을 시사한다. 이는 신석기 주민들의 해양활동 방식과 범위에 대한 적극적인 해석과도 결부될 수 있다. 조심스러운 일이지만 이들 신석기 유적에서 출토된 고래뼈와 반구대 암각화의 고래잡이 장면, 흑요석제 도구를 하나의 매듭으

로 묶어볼 수도 있다. 일부 연구자들이 지적하듯이 해안에 밀려
와 죽은 고래가 신석기시대 주민들에 의해 식용으로 쓰였을 수
도 있지만, 해안에 접근하였다가 얕은 물에 갇혀 버린 고래가
사냥되거나, 몰이사냥이라는 보다 적극적인 방식을 통해 고래가
사냥되었을 가능성도 고려될 필요가 있기 때문이다.78) 이미 어
느 정도의 원거리 항해는 이루어졌을 것으로 보는 최근의 연구
결과를 받아들인다면, 해안지역에 거주하던 신석기시대 주민들
이 원시적인 방식에 의존해서나마 근해 고래잡이에 나섰을 가능
성도 굳이 배제할 필요는 없을 것이다. 이러한 면에서 반구대
암각화의 주요 내용과 울산지역 신석기시대 문화양상 사이의 관
련성은 적극적으로 검토될 필요가 있다고 하겠다.

(2) 청동기시대 유적

청동기시대 유적은 울산의 전 지역에 걸쳐서 확인되고 있다.
조사 및 발굴을 통하여 확인된 청동기시대 유적도 많을 뿐 아니
라 울산지역의 무문토기 산포면적이 대단히 넓다는 지표조사 결
과까지 함께 고려하면 청동기시대부터 울산은 비교적 높은 인구
밀도를 유지하였던 곳이라고까지 할 수 있을 것이다.79) 울주 웅
촌 검단리유적80), 울주 범서 천상리유적81), 울주 삼남 방기리유
적82), 남구 야음동유적83), 남구 무거동 옥현유적84) 등이 청동기
시대 마을유적임이 확인되었다. 울주 두동 봉계리유적85), 울주
범서 구수리유적86), 울주 범서 구영리유적87), 울주 온양 대안리

유적88), 울주 청량 양동유적89), 울주 언양 교동리유적90), 동구 화정동유적91), 동구 서부동유적92), 남구 부곡동유적93), 남구 신정동유적,94) 중구 다운동유적95), 중구 다운동 운곡유적96), 북구 창평동유적97), 북구 연암동유적98), 북구 호계동유적99), 북구 신현동유적100) 등에서는 다수의 청동기시대 집터가 조사되었다. 현재까지 50곳 이상 발견, 조사된 울산지역 청동기시대 주거유적 발굴성과를 알기 쉽게 정리하면 표 8) 및 지도 1)과 같다.101)

청동기시대의 대표적인 묘제라고 할 수 있는 지석묘유적 또한 울주 웅촌 검단리지석묘, 울주 두서 인보리지석묘군, 울주 두서 복안리지석묘, 두동 만화리지석묘, 두동 은편리지석묘군, 울주 웅촌 은현리지석묘, 울주 삼동 조일리지석묘, 울주 상북 향산리지석묘군, 울주 상북 지내리 명동지석묘군, 울주 상북 지내리 신리지석묘, 울주 언양 반곡리지석묘군, 북구 상안동지석묘, 북구 창평동지석묘군, 북구 산하동지석묘, 북구 이화동지석묘군 등 15곳 이상 사례가 확인된 상태이다.102) 청동기시대 집터와 삼국시대 무덤 사이에서 발견된 2기의 중구 다운동 운곡유적의 적석유구가 마을 단위의 의례용 시설이 아닌 무덤이라면103), 울산지역 청동기시대 무덤유적의 발견 사례가 1곳 더해지게 된다.

표 8) 울산지역 청동기시대 마을유적 조사현황

일련 번호	유 적 명	조사 연도	유 구 현 황		조 사 기 관	보 고 자 료
			청동기시대	기타		
1	울주검단리 유적	1990	환호1기,주거지92동,구 1기,수혈유구3기,고인 돌 3기	삼국시대탄요2기	부산대학교 박물관	울주검단리마을유적(부산대 박물관,1995)
2	울주방기리 유적	1996	환호1기, 주거지50동		창원대학교 박물관	울산방기리청동기시대취락 지-발굴조사성과를중심으로 -(김형곤.유병일,1996,영남고 고학보19)
3	남구무거동옥 현유적	1998~ 1999	환구,주거지71동,논	조선시대 주거지2동	경남대박물관· 밀양대박물관	울산무거동옥현유적현장설 명회자료1,2(1998,1999);울산 무거동옥현유적에대하여(이 현석,2000,울산연구2)
4	울주천상리 유적	1999~ 2000	환호,주거지43동,구상 유구2기		영남문화재 연구원	울산천상리취락유적(영남문 화재연구원,2002)
5	남구야음동 유적	2000	주거지44동,논		밀양대학교 박물관	울산야음동유적현장설명회 자료(밀양대박물관.동의대박 물관)
6	울주신화리 유적	2002~ 2003	주거지99동	조선시대민묘, 논	동아대학교 박물관	경부고속철도언양보수기지 문화유적발굴조사개요 (동아대박물관)
7	울주양동유적	1984	주거지5동	삼국시대고분	부산대학교 박물관	울주양동유적조사개보(부산 대박물관,1985)
8	중구다운동 유적	1995	주거지13동	삼한·삼국시대 고분	창원대학교 박물관, 부산여대 박물관, 울산대사학과	울산다운동유적(유병일,1996 ,제39회전국역사학대회발표 요지)울산 다운동유적의 청동기시대 주거지양상 (유병일, 2000, 울산연구2, 울산대박물관)
9	중구다운동운 곡유적	1995	주거지6동	삼국시대고분	창원대학교 박물관	울산다운동운곡유적(창원대 박물관,1998)
10	북구호계동유 적	1995	주거지1		경남대학교 박물관	울산호계리주거(경남대박 물관,1995,김해덕산리유적 부록)
11	울주구영리 유적	1996	주거지13동	삼국시대고분	경남대학교 박물관	울산구영리유적(한국대학박 물관협회,1996,대학과발굴1)
12	울주천상리 생활유적	1996	주거지1동	삼국시대수혈유 구7동	동아대학교 박물관	울산천상리유적보고 (동아대박물관,1997, 거제거림리유적 부)
13	울주교동리 유적	1997~ 1998	주거지2동	삼국시대고분	동아대학교박 물관	울산교동리유적발굴조사(동 아대박물관,1997,영남고고학 보21),언양교동리유적 (2000, 동아대박물관)
14	울주방기리 하방유적	1998	주거지5동	조선시대주거지9 동,목관묘1기,근 세분묘6기	부산대학교박 물관	울산방기리(하방)유적발굴조 사약보고서(부산대박물관,19 98);울산방기리유적 (부산대박물관,2002)
15	북구연암동유 적	1998	주거지6동,부정형 구 다수	삼국시대 구1기,근대석열 2기	울산대학교박 물관	울산연암동유적 (울산대박물관,2001)
16	북구연암동북 구청사신축부 지유적	1998	주거지1동,주구7기, 수혈4기		부경대학교박 물관	울산광역시북구청사신축부 지연암동유적발굴조사(약)보 고서(부경대박물관,2000)

17	동구화정동 유적	1999	주거지7동,수혈유구 2기	논	울산대학교 박물관	울산화정동 유적(울산대박물관,2001,울산연암동유적 부록)
18	울주봉계리 유적	1999	주거지19동,구상유구 3기 등		영남대학교 박물관	울산봉계리유적(영남대박물관,2000)
19	울주구수리 유적	1999	주거지6동,구상유구1 기		울산대학교 박물관	울산구수리유적(울산대박물관, 2002,울산대안리유적 부록)
20	동구서부동 유적	1999	주거지4동		울산대학교 박물관	울산서부동유적발굴조사보 고(울산대박물관,2001,김해 능동유적Ⅰ-목곽묘 부록)
21	남구부곡동 유적	1999	주거지3동	조선시대 수혈	한국문화재 보호재단	울산시부곡동252-5번지일대 한국카프로락탐(주)공장부지 발굴조사보고서(한국문화재 보호재단,2000)
22	울주대안리 유적	2000	주거지6동	삼한시대목관묘, 옹관묘,삼국시대 석곽묘	울산대학교 박물관	울산대안리유적 (울산대박물관,2002)
23	북구창평동 유적	2000	주거지15동	통일신라목책유 구1기	영남문화재 연구원	울산창평동유적 (영남문화재연구원,2003)
24	남구신정동 유적	2001	주거지15동,수혈1기,구 1기	조선시대주거지1 1동,대상유구1기, 수혈6기,야외아 궁이2기	울산문화재 연구원	울산신정동유적 (울산문화재연구원,2003)
25	북구신현동 유적	2001	주거지1동,환호	삼국시대수혈,토 광묘, 조선시대 탄요	중앙문화재 연구원	울산신현동유적발굴조사현 장설명회자료
26	북구신현동황 토전유적	2001	주거지34동,구2열	삼한시대석관묘2 기,삼국시대수혈, 논,조선시대주거 지,수혈,탄요,묘	울산문화재 연구원	울산신현동황토전유적 (울산문화재연구원,2003)
27	울주사연리 늠네유적	2001	주거지4동	삼한시대주거지, 옹관묘,삼국시대 구,대형수혈,배수 시설,논,고려시대 굴립주건물지,조 선시대주거지,묘, 우물	울산문화재연 구원	울산사연리늠네유적 (울산문화재연구원,2003)
28	동구화정동 유적	2001	주거지5동,수혈1기,구1 기,논	조선시대수혈5 기,구1기,주혈군	울산문화재연 구원	울산화정동유적 (울산문화재연구원,2004)
29	중구다운동'마' ,'바'구역유적	2001, 2003	주거지7동	삼한시대목곽묘, 삼국시대석곽묘	울산발전 연구원	울산다운동아파트진입로개 설부지울산다운동유적'마'구 역발굴조사지도위원회 자료 및 '바'구역발굴조사지도위원회 자료

30	북구산업로배면 도로유적	2002	주거지23동	삼국시대구,굴립주건물 지,우물,수혈유구,조선 시대구,수혈유구,고분	울산문화재 연구원	울산산업로배면도로유적(율동∼화봉택지)개설구간 내 I, II구간발굴조사지도 위원회자료 및, III,IV구간지도위원회자료
31	울주교동리자동 차정비소부지 유적	2002	주거지 14동,구 3기		울산문화재 연구원	울주교동리자동차정비소부 지내유적발굴조사현장설명 회자료
32	울주교동리주택 건립부지유적	2002	주거지1동	삼국시대옹관묘1기,고 려시대건물지2동	울산발전 연구원	울주삼남면교동리주택건립 부지문화유적발굴조사현장 설명회자료
33	북구중산동유적	2002	주거지1동	삼국시대주거지,주혈,구 상유구,수혈유구	울산발전 연구원	울산이화중학교건립부지시 굴조사지도위원회자료
34	울주구수리언양 하수종말처리장 부지유적	2002	주거지28동	삼국시대 탄요,,시기미상요,구상 유구,수혈유구	울산발전 연구원	울주언양하수종말처리장건 립부지문화유적발굴조사1, 2차지도위원회자료
35	울주서부리남천 유적	2002 ∼200 3	주거지8동,구 상유구5기,논	삼국시대 논	울산발전 연구원	울주남천초등학교신축부지 발굴조사지도위원회자료; 울주서부리남천유적(이현 석,2003,제46회전국역사학 대회발표요지)
36	울주삼정리하삼 정고분군 I	2003	주거지2동	삼국시대목곽묘,석곽묘, 석실분,조선시대도로유 구,수혈유구등	한국문화재 보호재단	울산권광역상수도(대곡댐) 사업편입부지내3차발굴조 사1차지도위원회자료
37	울주삼정리 하삼정유적	2003	주거지1동	삼국시대목관묘,목곽묘, 토기가마,통일신라시대 건물지,조선시대탄요	한국문화재 보호재단	울산권광역상수도(대곡댐) 사업편입부지내3차발굴조 사2차지도위원회자료
38	울주하삼정 고분군 II	2003	주거지1동	삼국시대각종고분,수혈, 조선시대건물지	한국문화재 보호재단	울산권광역상수도(대곡댐) 사업편입부지내4차발굴조 사1차지도위원회자료
39	울주인보리 서하유적	2003	주거지2동,주 혈군	삼국시대소성유구1기, 수혈4기,굴립주건물3동	울산발전 연구원	국도35호선확포장공사 I , II구간문화유적발굴조사지 도위원회자료
40	울주반천리 천소유적	2003	주거지9동	삼국시대석곽묘3기	울산대 박물관	울산문화재연구원신축부지 (천소유적)문화재발굴조사 지도위원회자료
41	중구약사동공동 주택부지내유적	2003	주거지5동	삼국시대수혈유구32기, 조선시대수혈	울산문화재 연구원	울산중구약사동공동주택 부지내유적발굴조사현장 설명회자료
42	남구옥동양궁경 기장부지내유적	2003	주거지3동,수 렵함정6기		울산문화재 연구원	남구옥동양궁경기장부지내 유적현장설명회자료
43	북구매곡동지방 산업단지내유적	2003	주거지56동(4 개지구),수혈	삼국시대탄요,주거지,수 혈유구,석실묘,조선시대 수혈,가마	울산문화재 연구원	울산북구매곡동지방산업단 지내유적현장설명회자료
44	북구산하동산음 유적	2003	주거지15동, 구1기	조선시대 유구2기	울산문화재 연구원	울산∼강동간도로확장구간 내산음유적지도위원회및현 장설명회자료
45	울주천상리평천 유적	2003	주거지4동	삼국시대주거지, 수혈유구	울산문화재 연구원	천상초.중학교건립부지내 울산평천유적발굴조사현장 설명회자료

46	울주굴화리유적	2003	주거지1동,수혈1기,구1기	삼국시대 논	울산문화재연구원	울산상업고등학교이설부지내유적발굴조사지도위원회자료
47	북구연암동연암중학교건립부지유적	2003	주거지9동,굴립주건물지3동,구상유구6기		울산발전연구원	울산북구연암중학교건립부지문화유적발굴조사지도위원회자료
48	북구천곡동유적	2003	주거지21동,수혈유구7기,구상유구2기		울산발전연구원	울산천곡공동주택부지'가'구역발굴조사지도위원회자료및'나'구역지도위원회자료
49	울주경부고속도로울산구간확장구간내방기리유적	2003	주거지1동		울산문화재연구원	경부고속도로(울산구간)확장구간내방기리유적발굴조사지도위원회자료
50	북구효문동율동고등학교 부지내유적	2003~2004	주거지21동		울산문화재연구원	울산시북구효문동율동고등학교건립부지내유적추가발굴조사지도위원회자료
51	울주구영리택지개발사업지구내유적	2004	주거지25동,수혈(시굴구간 발견유구)		울산발전연구원	울산구영지구택지개발사업지구내문화유적시굴조사지도위원회자료
52	북구천곡동제2동천초등학교부지내 유적	2004	주거지12동,구1기(시굴구간발견유구)		울산문화재연구원	울산제2동천초등학교부지내유적시굴조사지도위원회자료
53	울주삼정리상삼정자기가마터	2004	주거지2동	조선시대주거지,백자가마,소성유구,수혈유구,구상유구 등	한국문화재보호재단	울산권광역상수도(대곡댐)사업편입부지내5차발굴조사현장설명회자료
54	울주삼정리유적	2004	주거지3동	조선시대탄요,제련로,작업장,구상유구,수혈유구	한국문화재보호재단	울산권광역상수도(대곡댐)사업편입부지내5차발굴조사현장설명회자료

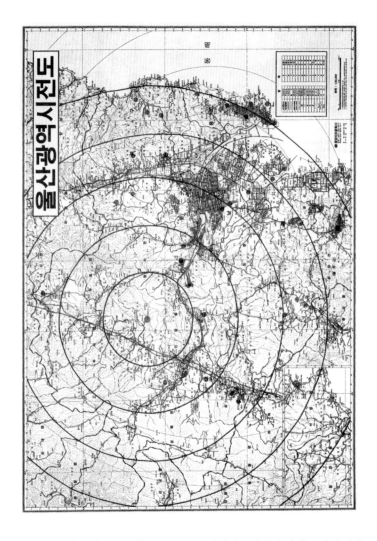

지도 1) 반구대를 중심으로 본 울산지역 신석기시대~삼한시대
유적분포도(붉은색원: 신석기시대유적, 녹색원: 청동기시
대유적, 푸른색원: 초기철기시대시대유적, 노란색원: 삼
한시대유적)

위의 표 8) 및 지도 1)에서도 확인되듯이 울산지역의 청동기시대 유적은 상당수가 하천 변의 얕은 구릉지대를 따라 분포하여 신석기시대 유적과 대비를 이룬다. 이와 같은 유적 분포상은 청동기시대의 경제가 앞의 신석기시대와 달리 농경에 주로 의존하였음을 시사한다. 실제 울산지역 청동기시대 유적 가운데에는 농경의 중요한 증거라고 할 수 있는 '논'의 흔적이 확인되는 예가 많다.104)

주의할 것은 청동기시대 경제활동의 초점이 농경에 두어졌음은 일반적으로 인정되고 있다. 그러나 지역별 생활환경의 차이에 따라 어로 및 수렵활동의 비중이 농경에 비해 높은 경우도 있었을 것이며, 심지어는 여전히 어로 및 수렵에 의존한 경제활동이 이루어졌을 경우도 있었을 것이라는 사실이다.105) 하천변 구릉지 거주 청동기시대 주민의 경우, 농경과 함께 어로활동도 했다면 무대는 내륙의 하천이었을 것이다. 청동기시대에 이르러 주민들의 주거공간이 내륙 하천지대로 바뀌면서 바다를 대상으로 한 어로는 경제활동으로서의 의미와 가치를 잃고 빠른 속도로 위축되어 갔을 것으로 보인다.

현재까지 반구대 암각화 유적과의 관련 가능성을 고려할 때, 입지, 거리, 내용에서 우선순위에 올릴 수 있는 대곡천 하류 및 태화강 중·상류 지역 청동기시대 유적으로는 울주 범서 천상리 유적을 비롯하여 10여 곳 정도가 있다. 대부분 근래의 고고학적 발굴을 통해 확인된 유적들로 위에서 지적하였듯이 이 가운데에

는 주거지와 농경지가 함께 발견된 사례도 여럿 있다.106)

눈길을 끄는 것은 이들 청동기시대 유적들에 대한 발굴 결과와 반구대 암각화를 통해 확인되는 문화상 사이에 별다른 연관성이 보이지 않는다는 사실이다. 태화강변의 울주 범서 입암리유적, 천상리유적, 구영리유적, 굴화리유적, 무거천변의 남구 무거동 옥현유적, 척과천변의 중구 다운동유적 등이 하나 같이 크고 작은 차이는 있으나 농경과 관련된 일정한 흔적을 남기고 있다. 이에 비해, 반구대 암각화에는 농경과 직결된 활동상이 제대로 나타나지 않기 때문이다. 반구대 암각화에 보이는 가축을 위한 울타리, 혹은 맹수를 잡기 위한 울타리가 농경과 관련될 수도 있으나, 수렵사회 생활모습의 일부로 해석될 여지가 오히려 더 큰 것으로 보이는 까닭이다. 이로 보아 반구대 암각화 제작집단이 청동기시대의 주민이라고 할지라도 생업경제의 초점이 농경에 가 있을 가능성은 상대적으로 낮다고 하겠다.

(3) 초기철기 및 삼한시대의 유적

초기철기 및 삼한시대의 유적은 고분군을 중심으로 울산의 곳곳에서 확인되고 있어 이 시대에도 울산지역에서 청동기시대 이래의 활발한 주민활동이 계속되었음을 짐작하게 한다. 다만 울산지역에서 초기철기 및 삼한시대의 생활유적은 현재까지 발견 사례가 그리 많지 않아 관련 연구에 어려움을 주고 있다. 초기철기시대부터는 생활공간으로 구릉 뿐 아니라 평지가 선택되는 경우도 많아 이 시기의 생활유적이 이후부터 현재에 이르기까지의 거주공간과 중복되어 청동기시대 유적에 비해 쉽게 발견되지 않기 때문인 듯하다.

울산지역에서 발견된 초기철기시대의 유적으로는 울주 상북 향산리유적, 울주 웅촌 대대리 저리유적, 중구 다운동 난곡유적, 북구 상안동 새터유적, 북구 달천동유적 등을 들 수 있다.107) 이들 유적 가운데 북구 상안동 새터유적 외의 네 유적은 청동기시대 마을이나 집터, 무덤과 이웃하거나 주변의 앞과 뒷시대 유적과 문화적 연속성을 보이는 듯하여 흥미롭다.

삼한시대 유적으로는 무덤유적이 다수 확인된다. 울주 웅촌 하대고분군108), 울주 두서 차리고분군109), 울주 온양 삼광리고분군110), 울주 온양 대안리고분군111), 중구 다운동고분군112), 북구 중산동고분군113) 등은 비교적 규모가 큰 고분군에 속한다. 지표조사를 통해 삼한시대에 속하는 회색연질토기편 등 관련 유물이 채집된 곳으로는 울주 웅촌 대대리 저리유적, 울주 청량 문죽리유적, 울주 온양 외광리유적, 남구 두왕동유적, 북구 상안동유적, 북구 달천동유적 등을 들 수 있다.114)

이들 유적 가운데 저리유적, 문죽리유적, 외광리유적, 두왕동유적의 경우, 발굴조사가 이루어진다면 생활유적으로 확인될 가능성이 높아 앞으로의 조사가 기대되는 곳들이다. 도랑, 수혈유구(竪穴遺構), 기둥구멍, 논층, 굴립주(掘立柱) 건물 등이 한꺼번에 드러난 울주 범서 사연리유적은 울산지역에서 학술발굴조사를 통해 처음으로 확인된 삼한시대에서 삼국시대에 걸친 생활유적이라는 점에서 특별히 관심을 모을 만하다.[115] 반구대 암각화유적과의 거리를 고려할 때에도 관련성을 검토할 만하나, 전체 유적의 극히 일부만을 확인한 상태여서 더 이상 속단하기는 어렵다.

2) 반구대 암각화의 제작시기

울산지역에서 조사된 유적과 관련하여 반구대 암각화의 제작시기를 유추하기는 아직은 시기상조라고 할 수 있다. 지금까지 반구대암각화에 대한 연구는 고고학, 역사학, 지질학, 선사미술, 인류학 등 다양한 연구 분야에서 여러 각도로 진행되었다. 그 결과 반구대 암각화의 제작 시기는 넓게는 신석기시대 중기에서 삼한시대 초기까지, 좁게는 신석기시대 말기부터 청동기시대에 걸친 것으로 추정되었다.[116]

반구대 암각화의 뭍짐승 그림 제작시기를 구석기시대 후기까지 올려보려는 견해가 제기될 수도 있겠으나, 설득력 있는 정황적 증거나, 국내외 연구 성과에 근거한 입론이 뒷받침되지 않는 상태라면 학계에 받아들여지기 어려울 것이다. 울주 언양 대곡리유적과 남구 무거동 옥현유적 조사과정에서 구석기 유물이 수습되어 해당시기 문화층의 발견 가능성을 높여준다는 사실을 고려한다고 하더라도, 해당 문화층의 존재가 확인되지도 않은 상태에서 반구대 암각화와의 관련성을 언급하기는 어렵다고 하겠다.

울산지역의 해안선을 따라 발견되고 있는 신석기시대 유적과 반구대 암각화유적과 관련하여 눈길을 끄는 것은 울산지역의 고지형과 생태를 추정한 연구 성과이다.[117] 연구에 따르면 6,000 B.P에서 5,000B.P경 울산에서는 현재의 울주 범서 굴화리 앞 태화강 중류지역일대가 고(古)울산만의 내륙지대에 형성된 고(古)굴화만이었을 것이며, 보다 상류의 구영리에서 사연리에 이르는 지역도 바닷물의 영향권 안에 있었을 것이라고 한다. 이는 신석기인들의 주거공간이 반구대로부터 직선거리 5~10km내외까지 접근할 수 있음을 의미한다. 5,000B.P경 굴화리에서 사연리에 이르는 해안지대의 일정한 공간을 주거지역으로 선택한 신석기인들이 큰 어려움 없이 배를 이용하여 강을 거슬러 올라가 반구대에 이를 수 있다는 점에서 흥미로운 사실이라고 하겠다. 그러나 아직까지 고굴화만 연안지역에서 신석기시대 유적은 발견되지 않고 있다.

근래 조사된 울주 서생 황성동 세죽유적 출토 동물유존체 가운데 반구대 암각화에 묘사된 다양한 뭍짐승의 뼈가 포함되어 있음이 확인되었다. 이런 점을 적극적으로 해석하고자 할 경우, 서생 황성동 세죽마을 근처에서 배를 이용한 반구대까지의 접근 가능성도 군이 배제할 필요는 없다고 할 수 있다. 고울산만 연안을 따라 배로 반구대에 이르려고 할 때, 20㎞를 상회하는 이동거리라고 할지라도 공동체의 안녕과 관련한 '특별한 장소'를 찾는 이들에게는 큰 부담으로 다가오지는 않을 것이기 때문이다. 따라서 반구대 암각화 제작의 상한연대를 신석기시대까지 올릴 수 있는 가능성은 여전히 남아 있다고 하겠다.

앞의 표 8)에서 잘 드러나듯이 울산에서는 10동 미만으로 이루어진 청동기시대의 소규모 마을유적부터 마을 전체를 둘러싼 환호를 지닌 대규모 주거유적까지 다양한 구성과 규모의 유적들이 전지역에 걸쳐 골고루 확인된다. 이러한 현상은 청동기시대의 주민들이 주로 해안지대를 주거공간으로 선택하면서 채집 및 사냥을 통한 식량 확보에 전적으로 의존하던 신석기시대 주민들과는 달리 농경생산에 보다 깊이 의존하는 새로운 생활방식에 익숙해진 것과 관련이 깊다. 상대적으로 안정된 농경 위주의 생활방식이 주거공간을 주로 강안지대에서 거슬러 올라가는 형태로 내륙지대로 확대할 수 있게 한 것이다.

이러한 점을 염두에 두면서 울산지역에서 발견된 청동기시대 주거유적들의 분포상을 살펴볼 때, 흥미로운 것은 청동기시대에 이르면 반구대 암각화로부터 직선거리 5~10㎞ 내외에 형성되는 생활유적들이 크게 늘어난다는 사실이다.(위의 지도 1) 참조) 반구대 암각화로부터 반경 5㎞ 내외에서 발견, 조사된 울주 범서 천상리유적, 울주 언양 구수리유적, 울주 삼남 교동리유적 가운데 43곳의 집터가 환호로 둘러싸인 마을유적인 천상리유적과[18] 집터 6곳이 발견된 구수리유적은[19] 대곡천이 태화강으로 합류하는 지점에서 그리 떨어지지 않은 곳에 자리 잡은 경우로 반구대 암각화와의 관련성이 고려될 수 있는 사례에 해당한다.

울주 범서 구영리유적, 중구 다운동유적, 중구 다운동 운곡유적, 남구 무거동 옥현유적은 반구대 암각화로부터 반경 10㎞ 내외에서 발견된 청동기시대 주거유적으로 모두 태화강으로의 접근이 용이한 곳에 자리잡은 경우이다. 각각 집터 13곳이 발견된 구영리유적과 다운동유적,[120] 집터 5곳이 확인된 다운동 운곡유적,[121] 무려 73곳의 집터가 조사된 태화강의 지류인 무거천변의 무거동 옥현유적은[122] 입지조건상 반구대 암각화로의 접근에 어려움이 없는 곳이다.

문제는 청동기시대의 논층이 마을과 함께 확인된 무거동 옥현유적의 예에서 잘 드러나듯이 청동기시대의 주된 식량생산 방식인 농경과 반구대 암각화와의 관련성이다. 반구대에의 높은 접근성에도 불구하고 현재 남아 있는 반구대 암각화에 묘사된 내용들은 농경생산이라는 청동기시대 주민들의 중심적인 생업활동 양상과 상당한 거리를 보이기 때문이다. 물론 청동기시대에도 주민들의 어로, 수렵, 채집활동은 계속되었을 것이다. 그러나 이 시대의 사회경제 및 종교문화가 농경과 관련이 깊음을 고려할 때, 반구대 암각화에 농경과 관련한 직접적 표현이 보이지 않는다는 사실이 어떤 의미를 지니는지에 대해서는 여러 각도에서 살펴볼 필요가 있다.

먼저 반구대 암각화의 제작 집단이 청동기시대와 관련이 있다 하더라도 농경생활에 익숙하지 않거나, 경제활동에서 농경생산물이 지니는 비중이 극히 낮았을 가능성, 식량생산을 어로 및 수렵에 의존할 수밖에 없는 특수한 여건에 처해 있었을 가능성 등에 대해 검토해 보아야 한다. 이와 같은 요인들이 해당 집단에 개별적으로, 혹은 복합적으로 작용했을 수도 있기 때문이다.

이와 관련하여 고려되는 것은 사실상 한 사회가 청동기시대에 진입하였다 하더라도 일정한 지역, 혹은 사회를 구성하는 대소 규모의 집단 전체가 농경을 주된 식량생산 방식으로 선택할 수 있을지는 의문이라는 사실이다. 지역 내의 집단 사이에, 혹은 지역 사이에 광범위하게 지속적으로 이루어지고 유지되는 물물교환체계가 빠르면 신석기 후기부터, 적어도 청동기시대에 이르면 울산지역에서도 성립되었을 수 있기 때문이다. 청동기시대의 울산에서도 어로 및 수렵 위주 생활 집단이 농경 중심의 생활 집단과 공존하면서 반구대 암각화와 같은 특수한 유적을 남겼을 가능성은 상존하는 것이다.[123]

울산에서 발견된 초기철기시대의 유적은 몇 곳 되지 않을 뿐 아니라, 지표조사를 통해 문화성격이 확인된 정도에 그치고 있어 반구대 암각화와의 관련을 검토하기 어려운 상태이다. 청동기시대의 토기편이 함께 수습되는 중구 다운동 난곡유적의 경우,[124] 태화강의 지류인 척과천변에 자리 잡고 있다. 이런 점에서 눈길을 줄 만하나 유적의 성격이 구체적으로 확인되지 않아 적극적인 해석의 여지를 지니지 못한다고 하겠다.

삼한시대의 유적 가운데 관심을 둘 만한 것으로는 회야강으로 내려오는 능선 끝부분 경작지에 자리 잡은 울주 웅촌 대대리 저리유적이나 낮은 구릉에 형성된 울주 청량 문죽리유적, 울주 온양 외광리유적과 같이 생활유적으로 확인될 가능성이 높은 것들을 들 수 있다. 그러나 반구대 암각화와의 거리 및 교통조건을 고려할 경우, 이들 유적들은 하나 같이 대곡천-태화강 수로를 활용하기 어려운 곳에 자리 잡고 있다. 이들 유적을 '암각화 제작'과의 관련성 검토 대상에 포함시키는 것은 무리라고 하겠다.

한편, 반구대 암각화의 제작에 사용된 도구가 끝이 뾰족한 철기일 것이라는 주장은 암각화의 제작수단과 관련하여 시사하는 점이 큰 지적이라고 하겠다.125) 제작도구의 문제는 암각화가 새겨진 암벽의 재질과 직접적으로 연결된다. 반구대 암각화가 새겨진 암석은 세일인데, 세일은 퇴적암계통으로 수성쇄설암이며, 그 가운데에서도 점토질암에 속한다.126) 일반적으로 퇴적암은 화성암에 비해 강도가 약한 것으로 알려져 있다. 때문에 화성암 중에서 비교적 강도가 높은 암석을 도구로 사용한다면 퇴적암의 표면에 흠집을 내기는 그다지 어렵지 않다. 그렇다면 철기가 아닌 강도가 높은 화성암계 석재를 사용하여도 암각화 제작은 가능하다는 결론이 나온다. 화성암계 석재, 청동기, 철기를 이용한 실험고고학적 차원의 조사 필요성을 절감하게 하는 부분이다. 이외에 반구대 암각화에 보이는 노(弩)로 보이는 물상 등과 이웃 일본의 야요이시대 유적 출토 유물과의 유사성의 문제 등은 앞으로도 세밀한 검토가 필요한 연구과제의 하나라고 하겠다.

이상의 검토에서 드러나듯이 반구대 암각화의 제작시기를 추정하기에는 아직 자료상의 한계가 크다. 특히 암각화에 제작 당시의 생활도구나 생활방식에 대한 직접적인 묘사가 거의 없어 제작시기를 추정하기 더욱 어렵게 한다. 암각화에 주로 바다짐승과 뭍짐승이 묘사되고, 이런 짐승들이 사냥되는 장면들이 표현되었음을 들어 반구대 암각화가 아직 농경이 시작되기 전의 단순한 채집, 사냥단계 사회의 산물로 이해하는 것도 불가능한 것은 아니다.

　그러나 반구대 암각화의 제작목적이나 성격들이 충분히 검토되지 않은 상태에서 이러한 결론을 내리는 것은 성급한 판단일 수 있다. 동일 시기나 시대에도 지역이나 생태환경, 문화단계, 집단의 구성방식에 따라 생활흔적이나 도구의 생산방식은 천차만별일 수 있기 때문이다. 따라서 반구대 암각화의 제작시기를 알기 위해서는 지금까지와 같은 개별 학문의 연구 자료나 방법론에 따른 성과물을 단순 대비하는 방식은 지양될 수밖에 없다. 학제간 종합연구가 적용될 필요가 있는 것이다. 관련성이 있는 모든 학문분야의 방법론과 연구력이 더해지면서 조사가 이루어진다면 반구대 암각화의 실체 규명도 요원한 일은 아닐 것이다.

4. 보존론

1) 반구대 주변 환경의 변화

반구대 암각화 유적 일대는 1965년 사연댐이 만들어지면서 대곡리에 자리 잡은 큰마실, 건너들, 서당마실, 지통마실 등 여러 마을과 함께 수몰되었다. 1970년 수몰 상태에서 발견, 보고된 암각화 유적은 이후 큰 가뭄이 있는 해의 일부 기간을 제외하면 연중 물에 잠겨 있다. 1995년 국보285호로 지정된 이후에도 유적을 둘러싼 이와 같은 환경조건은 크게 바뀌지 않고 있다.

반구대 암각화는 사행성 하천인 대곡천 곁을 따라 수백m에 걸쳐 펼쳐진 수십m 높이의 암벽 가운데 한 곳의 아래쪽에 새겨졌다. 2000년 4월부터 12월에 걸쳐 유적에 대한 실측조사를 시행한 울산대학교박물관의 보고에 따르면 반구대 암각화 유적은 보존을 위한 긴급조치가 필요한 상황에 처해 있다.[127] 유적이 발견된 30년 전과 비교하면 보존상태의 악화는 더욱 뚜렷이 드러난다.[128] 바위에 새겨진 그림 자체가 얇아졌을 뿐 아니라 그림이 새겨진 바위의 일부 표면조차 떨어져 나가기 시작했기 때문이다. 이 장에서는 울산대학교박물관의 보고를 기초로 반구대 암각화 유적의 현황을 보다 구체적으로 살펴보고, 여러 가지 보존방안에 대해 검토해 보고자 한다. 반구대를 포함하여 이미 20여 곳 이상 확인된 국내 암각화 유적 대부분이 사실상 발견 상태 그대로 방치되어 있거나, 심지어 보다 열악한 환경에 노출되기까지 하는 현 상황에 대한 연구자 및 관계기관의 관심과 조치가 뒤따르기를 기대한다.

반구대 암각화 유적이 자리 잡은 대곡리는 본래 경주 외남면 대곡리와 언양현 중북면 대곡리로 나뉘어 있었다. 이후, 일제에 의한 행정구역 개편과정에서 1914년 언양면 대곡리로 통합되어 현재에 이르고 있다. 반구대 일대는 1965년 대곡천 하류에 사연댐이 만들어지면서 지리상의 큰 변화를 겪게 된다. 현재 반구대 주변에 남은 일부 마을과 유적을 제외한 상당수의 마을과 기존의 크고 작은 교통로가 물에 잠기게 된 것이다. 대곡리에서 가장 큰 마을이던 큰마실, 건너각단 또는 건넌들이라 불렸던 신리(新里)마을, 서당이 있던 곳으로 알려진 서당마실, 종이 만들던 동네라는 뜻을 지닌 지통마실 등이 물에 잠겼고, 이들 마을에서 현재의 반구초등학교 사이를 이어주던 건너각단과 암각화 유적 사이의 계곡 길도 더 이상 통행이 불가능하게 되었다.

사연댐은 유역면적이 124.50㎢, 총 저수용량이 2천5백만㎥로, 여름 우기에는 댐의 최대높이 66.4m에 육박하는 63.2m까지 물이 차 오르게 된다. 이때에는 반구대 암각화의 가장 위 부분(해발 55.2m)까지 물에 잠기게 된다. 물론 사연댐의 상시적인 담수로 말미암은 수위도 60.0m에 이르므로 반구대 암각화의 거의 대부분은 겨울 가뭄이 계속되지 않는 한 연중 8개월 이상 물 속에 잠긴 상태이다. 때문에 짧게는 5~6년, 길게는 10년에 한 번 정도 오는 심한 겨울 가뭄으로 암각화가 새겨진 바위 면을 포함한 암벽 전체가 연중 6개월 이상 노출될 때도 있으나, 암각화의 80% 이상이 해마다 3~4개월 동안의 노출과 8~9개월 가량의 수몰을 반복해서 겪고 있다. 이와 같은 극단적인 환경 변화가 암각화 유적의 보존상태에 어떠한 영향을 끼치는 지에 대해서는 특별히 유의하여 살펴 볼 필요가 있다.

울산지역의 지질은 경상계 신라통의 퇴적암류(대구층)와 이를 관입, 또는 분출한 화강암류, 상기 신라통의 여러 암층을 관입하여 형성된 불국사통의 화성암류로 구성되어 있다.[129] 최하부층을 이루는 대구층은 언양을 지나는 언양단층의 동부 일원에 널리 분포하며 하부와 상부가 암상을 달리한다. 하부는 암록색, 녹회색 및 암회색의 사암, 실트스톤, 사질 실트스톤, 사질 세일 및 세일이 우세하다. 대곡천변 암석층을 통해서도 확인할 수 있듯이 이 일대 지층은 자색의 사질 실트스톤, 실트스톤, 사질 세일, 세일 등이 우세하며 이들 지층이 녹회색 내지 암회색 및 암녹회색의 사암, 사질 실트스톤, 실트스톤, 사질 세일 및 세일 등과 호층을 이룬다. 또한 이러한 지층 사이에는 담회색의 이암이 박층으로 끼어 들어 있다. 언양단층 서부를 점하고 있는 화성암류는 경상계 신라통의 안산암질암, 석영안산암류 및 반암류 등이 대부분이며, 상기의 퇴적암류와 화산암류를 관입한 불국사통의 화성암류로 구성된다. 불국사통의 화성암류는 주로 화강암(언양화강암, 흑운모 화강암)이며 화강섬록암, 반암류 및 맥암 등으로 이루어져 있다. 이 지역의 기반암을 부정합으로 덮고 있는 제4기의 충적층은 자갈, 모래, 점토 등으로 구성되며, 울산지역을 흐르는 하천 지류들의 연변부를 따라 분포한다.

이처럼 사암, 사질 실트스톤, 실트스톤, 사질 세일, 세일 등 함수성이 높아 암질의 내구성이 떨어지는 퇴적암계 암석을 기본 지층으로 삼고 있는 반구대 암각화 유적이 침수와 노출을 반복하여 겪을 때, 암벽 표면이 침식되고 떨어져 나갈 것은 불을 보듯 뻔한 일이다. 잘 알려졌듯이 사암계 암석의 주 구성성분은 석영과 장석이며, 여기에 방해석이 더해진다. 방해석은 성분상 약한 산성을 띄는 물과는 쉽게 반응을 하여 용해되는 성질이 있는데, 문제는 대곡리 일대 암석의 구성광물 가운데 방해석이 주요 성분의 하나라는 사실이다. 앨바이트, 석영, 녹니석, 정장석, 방해석, 일라이트, 흑운모 등을 구성성분으로 하는 암갈색 실트스톤 암벽을 화면으로 삼은 반구대 암각화 유적의 침수 자체가 '유적 훼손'이라는 심각한 문제의 소지를 안고 있는 것이다. 실제 물 속에 잠겨 있던 부분이 물 바깥으로 노출되었을 때 나타나는 표백 효과는 물과 암석 상호 화학반응의 결과라고 한다.[130] 즉, 암석의 공극을 채우고 있던 물이 암석이 노출되자 바깥으로 빠져나오면서 암석의 Ca 성분 등과 반응하여 발생시킨 용해물이 암석의 표면을 하얗게 덮으면서 나타나는 현상인 것이다. 울산대학교박물관의 반구대 암각화 실측조사 과정에서도 암벽 곳곳에서 이러한 현상이 확인되었다. 이러한 화학적 용해로 말미암은 풍화현상 외에 침수와 노출의 반복과정에서 일어나는 물리적, 화학적, 생물학적 풍화 및 침식이 대단히 다양하게 진행되어 그 영향으로 말미암은 유적 보존상태의 악화도 눈여겨볼 필요가 있다. 먼저 물리적 작용에 대해 살펴보자.

대곡리일대의 암석층은 반구대 주변에서 쉽게 확인할 수 있듯이 소 단층과 절리가 잘 발달되어 있다. 유적의 계속된 침수는 절리 면을 보다 뚜렷하게 하고 틈을 벌려 궁극적으로 절리 면이나 틈 사이로 바위 조각이 떨어져 나가게 만든다. 또한 공극이 많은 퇴적암계 암석을 주 구성성분으로 하는 암벽의 특성상 상시적으로 다량의 수분을 머금게 되어 암질의 약화 및 암석 표면의 계속적인 박리가 일어나게 된다. 여기에 더하여 여름철 우기의 대량 강우로 급류가 형성되면 크고 작은 돌들이 물길에 쓸려 내려가면서 암벽을 치기 마련이다. 이 과정에서 암벽의 그림 부분이 상처를 입거나 그림의 새김이 얕아지고, 나아가 절리나 틈 근처의 암질이 약화된 부분이 깨어져 나갈 것은 충분히 미루어 짐작할 수 있다. 실제 2000년의 조사에서 틈이 새로 생기거나 절리가 크게 확장된 곳, 새김 부분이 희미해지거나 심지어 그림

의 일부가 파손된 곳이 여러 군데 확인되었다.[131]

생물학적 작용이 화학적 풍화를 심화시키는 경우도 주의가 요구된다. 유적의 침수 상태에서 암석에 붙어 번식하던 이끼류 등이 수위가 낮아져 암석이 대기 중에 노출되면 그대로 말라 죽게된다. 이들 죽은 이끼류가 덩어리째 떨어져 나가면서 암석의 표면도 함께 부스러져 나가면 암각화도 훼손될 수밖에 없는 것이다. 이끼류나 기타 식물류의 번식 과정에서 뿌리 등을 통해 이루어지는 화학적 풍화의 영향과 암벽의 틈이나 절리 사이로 끼어들거나, 암벽 바닥에 쌓이는 유기퇴적물의 분해과정으로 말미암는 암벽에의 화학적 영향 또한 무시할 수 없다. 이외에 그림이 새겨진 암벽 상부에서 뻗어 내려오는 식물의 뿌리가 암질이 약한 부분, 혹은 암벽의 절리나 틈 근처의 균열을 초래하거나 촉진시킬 수 있음도 유의할 필요가 있다.

이러한 점들에 더하여 산성화된 빗물이 암벽 상부를 타고 흘러내리면서 일으키는 풍화, 낚시 및 취사활동을 통해 발생하는 오염물의 유입으로 수질이 악화되면서 암벽이 받는 부정적인 영향 등도 반구대 암벽의 연중 침수 상황을 고려할 때, 유적의 훼손과 관련하여 심각하게 고려하여야 할 요소이다. 울산대학교박물관조사단이 유적 실측에 앞서 가장 먼저 했던 일도 암벽에 붙어 있는 이끼류와 진흙을 제거하고, 틈이나 절리에 끼어 든 나무가지, 자갈돌, 부서진 바위조각 및 갖가지 쓰레기, 암벽 주변에 쌓인 퇴적물들을 치우는 일이었다. 물에 잠겼을 때 유적이 어떤 환경 아래에 있는지를 알게 하는 것들이다. 이상과 같은 제반 요인으로 말미암은 유적 부분의 풍화 및 침식 사례로 주의를 기울일 만한 것으로는 다음과 같은 것들이 있다.

가장 심각한 변화는 A면의 남쪽 부분에서 확인되었는데, 풍화 작용으로 말미암은 암벽 틈의 갈라진 정도가 심해 앞으로의 침수, 노출과정에서 이 부분이 조각조각 떨어져 나갈 가능성이 높다. <사진 3> (도면 2)의 C-88 주변과 암면L의 경우, 암벽 표면 탈락이 계속되어 새겨진 그림의 일부가 없어지거나 암각 부분이 극히 얇아졌음이 확인된다.<사진 4, 5>

사진 3) 암면A 남쪽 부분

사진 4) 암각화C-88 주변

사진 5) 암면I 전체

침수로 말미암은 풍화의 진행 외에도 노출 상태에서의 인위적 훼손 역시 유적의 보존상태를 악화시키는 주요한 요인으로 작용하고 있다. 반구대 암각화의 주형을 뜨는 과정에서 입혀진 합성수지류의 찌꺼기가 암벽에 그대로 남아 해당 부분이 암벽의 침수와 노출과정에서 수지류가 제거된 다른 부분과 구별되는 환경 아래 있게 함으로써 침식과 풍화에 차별성이 있게 한 점도 유의된다. 비정상적인 방법에 의한 탁본이 일부 암각화의 외형을 심각하게 훼손한 사례도 있으며, 유적에 대한 손쉬운 접근이 암벽 낙서로 이어지면서 암벽에 심한 상처를 남긴 경우도 있다.132)

C-15의 경우, 발견 당시 보다 쪼으기 한 외곽선이 뭉그러진 상태이다. 반복된 탁본 및 탁본에 앞서 행한 암면 세척으로 발생한 암각면 마모의 결과라고 하겠다.<사진 6> C-18은 표면의 마모로 형상이 불분명해진 경우로 내부의 덧 쪼은 부분이 거의 뭉그러져 사진 촬영으로도 윤곽선 확인이 쉽지 않은 상태이다. <사진 7> C-55와 그 주변의 그림은 표면 마모가 심해 형상의 분류가 불가능해진 경우로 탁본 및 수지를 이용한 형 뜨기 등의 인위적 훼손 때문에 나타난 현상으로 판단된다.<사진 8> C-70과 주변 그림의 마모는 비정상적 방법에 의한 탁본의 반복이 가져온 결과이다.<사진 9> C-70의 훼손에 대해서는 필자가 다른 글에서도 언급한 바 있으나,133) 이후에도 훼손의 손길이 더해진 것으로 보인다. D-41, 42, 43 역시 표면의 마모로 형상이 불분명해진 경우이다. D-42는 형상의 윤곽선이 육안으로도 확인하기 어려운 지경에 이르고 있다.<사진 10>

사진 6) 암각화C-15

사진 7) 암각화C-18

사진 8) 암각화C-55

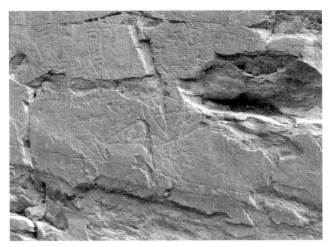

사진 9) 암각화C-70 주변

사진 10) 암각화D-41,42,43 주변

이외에 수지류를 이용한 형 뜨기로 암면의 표면이 떨어져 나
오거나, 암각화의 외형이 손상된 경우도 보인다. B-19, B-30,
D-27 및 그 주변 그림에서 이런 현상이 잘 나타난다. B-19는 조
사 당시에도 그 이전에 행해진 형 뜨기 후에 남은 수지로 덮여
있었다. B-30은 수지 형 뜨기의 영향으로 암각 면이 극히 얇아진
상태였고 주변에 수지의 흔적이 남아 있었다.<사진 11> D-27도
외곽선 및 줄무늬의 새김 부분에 수지가 그대로 남아 있었다.<사
진 12> F-1의 경우, 과도한 탁본으로 말미암은 먹의 찌끼와 형
뜨기에 이용한 수지가 새김 부분에 그대로 남아 있었고, 표면
일부의 마모도 발생한 상태였다.<사진 13>

사진 11) 암각화B-19 및 B-30 주변

사진 12) 암각화D-27

사진 13) 암각화F-1

30여 년 동안 계속된 이와 같은 풍화, 침식, 인위적 훼손 등으로 말미암아 2000년 울산대학교박물관에 의한 유적의 실측조사 결과는 1970년의 발견 및 조사를 바탕으로 작성된 1984년의 보고와 현격한 차이를 보이게 되었다.[134] 그러면 이러한 상황에 처해 있는 반구대 암각화 유적의 합리적인 보존방안에는 어떠한 것이 있을까.

2) 암각화유적의 보존방안

잘 알려졌듯이 가장 안전하고 확실한 유적, 유물 보존방법은 이들이 발견, 조사, 수습되기 이전의 환경 아래 있도록 하는 것이다. 반구대 암각화 유적 역시 암각화가 제작되던 시기의 환경 조건 아래 있게 하거나, 유적이 장기간 보존되던 환경 조건을 되찾게 하는 것이 유적 보존을 위한 최선의 방안이라고 할 수 있다. 그러나 암각화 제작 당시의 환경에 대한 정보를 거의 축적하기 어려울 뿐 아니라, 상수원 확보용 댐인 사연댐의 해체 역시 현실적으로 가능하지 않은 점을 함께 고려한다면 현 상황에서 반구대 암각화 유적을 보존하기 위한 최적의 환경 조건을 구비하기는 어렵다고 해야 할 것이다.

그렇다면 유적 보존을 위한 차선의 방안은 무엇일까. 유적에 악 영향을 끼치는 조건을 제거하거나 완화시키는 등의 방법으로 유적을 둘러싼 환경을 개선하는 일일 것이다. 위에서 보았듯이 반구대 암각화 유적의 보존에 치명적인 영향을 끼치는 첫 번째 요인은 반복되는 침수와 노출이다. 특히 침수 상태에서 일어나는 풍화와 침식은 유적의 존립 자체를 위협하는 요인이 되고 있다. 따라서 유적의 침수기간을 최소화하거나, 침수 자체를 막는 방안이 마련될 필요가 있다고 하겠다.

사연댐의 유지를 전제로 하면서 유적의 침수를 억제하기 위한 방안으로는 댐의 담수량을 최소화하는 안, 유적 앞을 흐르는 대곡천의 유로를 일부 변경하는 안, 상류지역에 건설될 예정인 대곡댐의 저수량을 조절하는 안 등을 고려할 수 있을 것이다. 위의 세 가지 안은 독립적으로 검토되기 보다 상호 연계시켜 살펴볼 필요가 있다. 가령 사연댐과 대곡댐 저수량을 총량 개념으로 파악하여 상류와 하류의 수량을 조절하여 암각화 유적 앞으로 연중 일정한 양의 물이 흐를 수 있게 한다면 암각화 유적의 침수를 막는 동시에 일반인의 접근을 일정한 범위에서 통제하는 효과도 발휘할 수 있을 것이다.

이외에 유적 주변의 환경 변화를 최소화하는 것을 전제로 유적을 둘러싼 방수벽을 설치하여 암각화 부분의 침수를 막는 방안이 고려될 수 있다.[135] 그러나 방수벽 설치안은 암각화 유적과 주변 환경을 하나로 보는 근래의 유적 인식방법과 대치된다. 도시의 스카이라인도 주거 및 문화환경의 한 요소로 파악하는 일반적인 시각은 논외로 하더라도 문화유적의 경우 보호 범위에 주변 환경의 일정 부분을 포함시키는 최근의 흐름은 암각화 유적의 보호 범위와 관련하여 눈여겨보아야 한다. 암각화 유적은 성립과정에서 다른 어느 유적보다도 '주변 환경'이 고려된 흔적이 강하기 때문이다.

반구대 암각화 유적은 이 일대가 지닌 특별한 자연 조건, 곧 깊은 계곡 속에 자리 잡은 기암절벽 중의 특정한 장소가 의도적으로 선택된 결과라고 할 수 있으므로 유적과 주변 환경의 원형 유지가 우선적으로 요구되는 경우이다. 특히 암벽이 지닌 지형적, 기후적 조건, 예를 들면 암벽의 암질, 기울기, 암벽을 감도는 바람의 세기와 일조량, 암벽 앞을 흐르는 대곡천과 관련된 온습도의 변화 등 주변 환경 전반이 수천 년 동안 유적이 보존될 수 있던 조건이라고 한다면 유적 침수를 막기 위한 방수벽 설치가 가져올 수 있는 또 다른 환경조건이 유적에 어떠한 영향을 미칠지에 대한 사전 검토는 필수적이라고 할 수 있다. 방수벽 설치안은 이러한 제반 문제점에 대한 고려가 충분하지 않은 상태에서 제시된 것으로 보아야 하겠다. 다만 사연댐과 대곡댐의 담수량 조절 만으로 암각화 유적의 침수를 막는 데에 한계가 있다면, 이에 대한 보완책, 혹은 차선책으로 위의 문제점들에 대한 해소책 마련을 전제로 유적 환경과 조화가 가능한 형태의 방수벽 설치가 긍정적으로 검토될 수도 있을 것이다.

한편, 암각화 자체를 직접 보존 처리하는 방안의 하나로 암벽의 경화·접합처리 및 암벽 전체의 방수처리도 제시되고 있다.136) 역시 처리결과의 안정성이 먼저 확인된 뒤 검토할 수 있는 안이라고 할 수 있다. 암벽 전체를 수지 계통의 화학물질로 경화·접합 처리했을 때, 그 시효성이 어느 정도인지도 사전 확인되어야 하지만, 처리된 부분과 그렇지 않은 부분 사이에 작용할 수 있는 물리, 화학적 제반 변수도 사전 검증되어야 하기 때문이다. 사례마다 차이가 있어 비교하기가 쉽지 않으나 유적, 유물에 대한 경화처리 방식의 화학적 보존처리가 유적, 유물의 수명을 단축시키거나, 유적, 유물에 치명적인 손상을 가져온 사례들이 다수 보고되고 있기 때문이다.137) 암각화 유적의 경우에도 그림이 새겨진 부분과 그렇지 않은 부분, 풍화, 침식을 심하게 받은 부분과 그렇지 못한 부분, 물에 잠겼던 부분과 그렇지 않은 부분, 절리 및 틈이 발달한 부분과 그렇지 않은 부분 사이에 어떠한 차이가 있으며, 이런 부분들에 대한 분석 결과와 경화 및 방수처리를 비롯한 관련 보존 처리 방식 사이에 어떠한 함수 관계가 설정될 수 있는지 등이 먼저 충분히 검토되어야 할 것이다.

반구대 암각화 유적은 위에서 언급한 직접적인 방안을 통해서뿐 아니라 간접적인 방안을 여기에 더함으로써 보존 효과를 높일 필요가 있다. 유적에 대한 충분한 정보 전달체계를 마련함으로써 연구자와 일반인들이 직접적인 접근을 가능한 한 자제할 수 있게 유도하여야 하는 것이다. 이를 위해서는 반구대 암각화 유적과 천전리 서석이 자리 잡고 있는 대곡천 일원의 종합적인 학술조사를 시행하고, 그 결과를 바탕으로 먼저 유적 및 주변 환경을 발견 당시의 자연 상태에 가깝게 되돌리는 작업을 시행하여야 한다. 유적과 주변 환경의 원 상태로의 복원과 유지를 위해서는 두 암각화 유적과 주변의 일정한 지역을 사적 공원 형태의 보호구역으로 지정하여 이 일대가 법적 보호를 받을 수 있도록 조치할 필요가 있다. 이는 반구대 암각화유적 발견이래 30여 년 사이에 추가로 들어선 유적 주변의 인공시설물들을 철수시키고, 대기 및 수질 오염이 최소화될 수 있는 제반 조치를 효율적으로 시행하는 데에 필요한 선결 요건이기도 하다.

다음으로 종합적인 학술조사보고를 바탕으로 문화유산 보호 및 복제와 관련한 국제기준에 부합하는 안전하고 과학적인 기술을 활용하여 반구대 암각화의 실물 주형을 제작하여야 한다. 유적 자체에 1m 이내로 접근하지 않는 한 암각화의 확인이 어려운 점을 감안할 때 유적을 상세히 보고자 하는 연구자 및 일반인의 필요와 욕구에 적절히 응할 필요가 있기 때문이다. 따라서 복제된 실물 주형은 적절한 장소 혹은 시설에 설치, 공개하여야 한다.

이를 위해서는 암각화 전시관 겸 연구센터의 설립과 운영이 필요하다. 이러한 기관은 반구대 주변이 아닌 외곽지대, 예를 들면 국도37호선 인근과 같이 외부에서의 접근이 용이하고, 관련 부대시설 설치공간이 쉽게 확보될 수 있는 곳에 세워지는 것이 좋다. 반구대로 들어가는 2.6Km 가량의 협곡지대도 넓은 의미에서 암각화 유적의 성립요건, 이른바 유적환경에 해당하므로 인공시설물의 설치공간이나 도로 확·포장 구간에는 포함시키지 않아야 할 것이다.

실물 주형의 제작과 전시에 더하여 고려되어야 할 것은 암각화 유적이 어떠한 환경조건 속에 자리 잡고 있는지를 확인하고자 하는 연구자와 일반인의 관심과 요구에 적절히 받아들이는 장치 마련이다. 이를 위해서는 유적과 일정한 거리를 유지한 채 암각화를 볼 수 있는 여건을 구비하여야 한다. 예를 들면 반구대 암각화 유적 앞을 흐르는 대곡천 반대편 언덕 위에 적절한 형태와 구체적 내용을 담은 안내판을 설치하고, 망원경이 설치된 소규모 전망대를 설치하여 편의를 도모하는 방안 등이 고려될 수 있을 것이다. 물론 이들 인공시설물의 규모는 가능한 한 최소화하여야 할 것이다.

울주군 언양읍 대곡리 반구대 암각화 유적은 울주군 두동면 천전리 서석과 함께 발견과 보고과정을 거치면서 한국 암각화

연구의 기폭제 역할을 하였다. 뿐만 아니라 유적 자체도 거의 대부분의 관련연구에서 언급될 정도로 연구상의 가치를 인정받 았다. 그러나 국보로까지 지정 받았음에도 불구하고 적절한 관 리 아래 있거나, 제대로 된 보존조치를 받은 일은 거의 없다. 발 견 이래 지난 30여 년 사이의 현상 변경, 특히 보존상태 악화는 어떻게 보면 당연한 결과라고 할 수 있다. 유적 자체의 훼손 및 주변 환경의 악화 정도가 대단히 심각한 상태라면 하루빨리 적 절한 관리 및 보존방안이 뒤따라야 할 것이다. 학계와 관련자들 의 관심과 대응으로 해마다 침수와 노출을 반복하며, 풍화와 침 식에 시달리고 있는 유적이 처한 현 상황이 조속히 개선되기를 기대한다.

미주

1) 울산대학교박물관, 『울산반구대암각화』2000.
2) 문명대, 「울산선사시대 암벽각화」『문화재』7호, 문화재관리국, 1973; 황수영·문명대, 『반구대』, 동국대학교출판부, 1984.
3) 전호태, 「울산대곡리반구대암각화보존론」『한국암각화연구』2, 2000.
4) 이상목(전 울산대학교박물관 객원연구원)의 답사보고에 의하면 국제학계의 관례로 미루어 볼 때, 두 유적 사이의 암각 흔적들은 대곡리 및 천전리 일대의 암각 유적을 하나로 묶어 이해할 수 있게 하는 근거로서의 의미도 지닌다고 한다.
5) 전호태, 「울산대곡리반구대암각화 형상 재분류 및 새김새 재검토-울산대박물관 실측자료를 중심으로-」『울산사학』9, 2000; 울산대학교박물관, 『울산반구대암각화』2000.
6) 송화섭, 「한국의 암각화 연구의 현황과 과제」, 『한국암각화연구』 창간호, 1999.
7) 전호태, 「울주 반구대·천전리 암각화」『한국의 암각화』, 한길사, 1996.
8) 문명대, 「울산선사시대 암벽각화」, 『문화재』7호, 문화재관리국, 1973.
9) 黃龍渾, 「韓半島 先史時代 岩刻의 製作技術과 形式分類」『考古美術』127(韓國美術史學會, 1975; 黃龍暈, 『동북아시아의 岩刻畵』민음사, 1987에 재수록)
10) 任世權, 「한국 선사바위그림의 연대에 대하여」『藍史鄭在覺博士古稀紀念史學論叢』1984; 任世權, 『韓國 先史時代 岩刻畵의 性格』檀國大學校 博士學位論文 1994; 장명수, 「한국 암각화의 편년」한국역사민속학회 편, 『한국의 암각화』한길사, 1997; 장명수, 『韓國岩刻畵의 文化相에 대한 연구』인하대학교 박사학위논문, 2001.

11) 金元龍,「울주 반구대 암각화에 대하여」『한국고고학보』9, 한국고고학연구회, 1980.

12) 金元龍,「藝術과 信仰」『韓國史論』13, 國史編纂委員會, 1983.

13) 金烈圭,『韓國文學史-그 形象과 解釋』探究堂, 1983.

14) 鄭東燦,「우리나라 선사바위그림의 연구-대곡리 선사바위그림을 중심으로」연세대 대학원 석사학위논문, 1986: 鄭東燦,「울주 대곡리 선사바위그림의 연구」『손보기박사 정년기념 고고인류학론총』지식산업사, 1988에 재수록)

15) 任章赫,「大谷里 岩壁彫刻畵의 民俗學的 考察」『韓國民俗學』24 民俗學會, 1991.

16) 任世權,『韓國 先史時代 岩刻畵의 性格』檀國大學校 博士學位論文, 1994.

17) 황상일·윤순옥,「반구대암각화와 후빙기 후기 울산만의 환경변화」『한국제4기학보』9, 1995; 황상일·윤순옥,「울산 태화강 중·하류부의 Holocene 자연환경과 선사인의 생활변화」『한국고고학보』43, 2000.

18) 한국역사민속학회·포항제철고문화연구회 공동 주최로 1995.1.21～1995.1.22 포항공대 정보통신연구소 중강당에서 열렸다. 그 성과는 한국역사민속학회 편,『한국의 암각화』, 한길사, 1996으로 출간.

19) 전호태,「울주 반구대·천전리 암각화」『한국의 암각화』, 한길사, 1996.

20) 제2회 울산대학교박물관 학술심포지움으로 1998.10.9 울산대학교 인문관 419호에서 열렸다. 그 성과는 울산대학교박물관 편,『울산연구』1, 1999에 수록.

21) 장명수,「대곡리 반구대 암각화의 신앙의식」『울산연구』1, 울산대학교박물관, 1999.

22) 김권구,「대곡리 반구대 암각화의 이해와 연구방향에 대하여」『울산연구』1, 1999.

23) 한국암각화학회 창립학술대회『한국 암각화의 새로운 지평』,국립민속박물관, 1999.5.1; 한국암각화학회 편,『한국암각화연구』창간호, 1999.

24) 울산광역시·예술의 전당 공동 주최 울산암각화발견30주년기념 암

각화국제학술대회(2000.8.17~2000.8.18, 예술의 전당 서예관).

25) 울산대학교박물관, 『울산반구대암각화』2000.

26) 전호태, 「울산대곡리반구대암각화 형상 재분류 및 새김새 재검토-울산대박물관 실측자료를 중심으로-」『울산사학』9, 2000.

27) 암면의 분류방식의 차이 등을 감안하면 울산대학교박물관, 『울산반구대 암각화』2000에 제시된 암면의 수는 전호태, 「울주반구대·천전리 암각화」『한국의 암각화』, 한길사, 1996에서 제시된 10개의 암면에서 1개(보고서의 암면 번호 O)가 추가된 것이다.

28) 이하 주요 도표와 사진, 도면은 울산대학교박물관, 『울산반구대 암각화』2000에 소개된 자료에 근거한다.

29) 분류에 참고한 동물도감은 D.W.Medanald 편·우한정·오창영 감수 『동물대백과』1~20, 아카데미서적, 1988이다.

30) 정동찬, 「울주대곡리의 선사바위그림 연구」『손보기박사회갑기념 고고인문학논총』1988.

31) 김원룡, 「울주 반구대의 암각화에 대하여」『한국고고학보』9, 한국고고학회, 1980; 장명수, 「대곡리반구대암각화의 신앙의식」『울산연구』1, 울산대학교박물관, 1999.

32) 任世權, 『韓國 先史時代 岩刻畵의 性格』檀國大學校 博士學位論文, 1994.

33) 장명수, 「대곡리 반구대 암각화의 신앙의식」『울산연구』1, 울산대학교박물관, 1999; 장명수, 「암각화를 통해서 본 우리나라 선사인들의 신앙사유」『한국암각화연구』창간호, 1999.

34) 위의 글.

35) 정동찬, 『살아 있는 신화 바위그림』혜안, 1996.

36) 황수영·문명대, 『반구대』, 동국대학교 출판부, 1984.

37) 정동찬, 「울주대곡리의 선사바위그림 연구」『손보기박사회갑기념 고고인문학논총』1988.

38) 장명수는 위의 주술사에 대응하는 女神으로 해석하였다.(장명수, 「대곡리 반구대 암각화의 신앙의식」『울산연구』1, 울산대학교박물관, 1999)

39) 임재해, 「암각화를 통해 본 탈의 기원과 그 기능의 변모」『민속연구』7, 안동대학교민속학연구소, 1997; 장명수, 「울산 대곡리 암각

화인들의 생업과 신앙」『인하사학』5, 1997.

40) 황수영, 문명대,『반구대』, 동국대학교 출판부, 1984.

41) 임장혁,「대곡리 암벽조각의 민속학적 고찰」,『한국민속학』24, 한국민속학회, 1991; 임세권,『韓國 先史時代 岩刻畵의 性格』檀國大學校 博士學位論文, 1994.

42) 정동찬,「울주대곡리의 선사바위그림 연구」『손보기박사회갑기념 고고인류학논총』1988.

43) 장석호,「울산암각화의 형상분석과 양식비교」,『암각화국제학술대회논문집』, 예술의전당·울산시, 2000.

44) 정동찬,『살아 있는 신화 바위그림』혜안, 1996.

45) 전호태,「울주 반구대·천전리 암각화」『한국의 암각화』, 한길사, 1996.

46) 초기철기시대로 본 김원룡의 견해가 대표적이다.(김원룡,「울주 반구대의 암각화에 대하여」『한국고고학보』9, 한국고고학회, 1980)

47) 황수영·문명대,『반구대』, 동국대학교 출판부, 1984.

48) 장명수,「대곡리 반구대 암각화의 신앙의식」『울산연구』1, 울산대학교박물관, 1999.

49) 황수영·문명대,『반구대』, 동국대학교 출판부, 1984.

50) 장명수,「대곡리 반구대 암각화의 신앙의식」『울산연구』1, 울산대학교박물관, 1999.

51) 장명수는 B-7을 돼지로 보았다.(장명수,「대곡리 반구대 암각화의 신앙의식」『울산연구』1, 울산대학교박물관, 1999

52) 장석호,「울산암각화의 형상분석과 양식비교」,『암각화국제학술대회논문집』, 예술의전당·울산시, 2000.

53) 황수영·문명대,『반구대』, 동국대학교 출판부, 1984.

54) 임세권,『韓國 先史時代 岩刻畵의 性格』檀國大學校 博士學位論文, 1994.

55) 정동찬,「울주대곡리의 선사바위그림 연구」『손보기박사회갑기념 고고인류학논총』1988.

56) 황용훈이 제기한 이래 대부분이 이에 동의하고 있다.(황용훈,「한반도 선사시대 암각의 제작기법과 형식분류」,『고고미술』127, 한국고고미술사학회, 1975)

57) 송화섭, 「한국의 암석각화와 그 의례에 대한 고찰」, 『한국사상사』, 석산한종만박사화갑기념논문집, 원광대학교출판국, 1991; 김권구, 「울주, 대곡리 반구대 암각화의 이해와 연구방향에 대하여」, 『울산연구』1, 울산대학교박물관, 1999.

58) 황수영·문명대, 『반구대』, 동국대학교 출판부, 1984.

59) 정동찬, 「울주대곡리의 선사바위그림 연구」 『손보기박사회갑기념 고고인문학논총』 1988; 임장혁, 「대곡리 암벽조각의 민속학적 고찰」, 『한국민속학』24, 한국민속학회, 1991; 임세권, 『韓國 先史時代 岩刻畵의 性格』檀國大學校 博士學位論文, 1994 등을 들 수 있다.

60) 문명대, 「울산선사시대 암벽각화」, 『문화재』7호, 문화재관리국, 1973.

61) 김원룡, 「울주 반구대의 암각화에 대하여」, 『한국고고학보』9, 한국고고학회, 1980.

62) 정동찬, 「울주대곡리의 선사바위그림 연구」 『손보기박사회갑기념 고고인문학논총』, 1988.

63) 김권구, 「대곡리 반구대 암각화의 이해와 연구방향에 대하여」 『울산연구』1, 1999.

64) 송화섭, 「한국의 암각화 연구의 현황과 과제」, 『한국암각화연구』 창간호, 1999.

65) 정동찬, 「울주대곡리의 선사바위그림 연구」 『손보기박사회갑기념 고고인문학논총』1988.

66) 이에 대한 정리로는 전호태, 「울주 대곡리, 천전리 암각화」 『한국의 암각화』, 한국역사민속학회편 한길사, 1996 참조.

67) 울산대학교박물관, 『울산반구대암각화』, 2000 및 전호태, 「울산 반구대 암각화 실측형상 재분류 및 새김새 재검토-울산대박물관 실측조사자료를 중심으로-」 『울산사학』9, 2000 참조.

68) 전호태, 「울주 대곡리, 천전리 암각화」 『한국의 암각화』, 한국역사민속학회편, 한길사, 1996.

69) 신숙정, 『우리나라 남해안지방의 신석기문화 연구』학연문화사, 1994.

70) 황수영·문명대, 『반구대』, 동국대학교 출판부, 1984.

71) 박영철·이상길·서영남, 「경남 울산 무거동 옥현유적의 구석기시대 유물 검토」, 『영남고고학』26, 2000.

72) 유병일, 「새로 찾은 울산지역의 신석기시대 유적-지표조사 자료를 중심으로-」, 『울산연구』1, 울산대학교박물관, 1999.

73) 국립중앙박물관, 『신암리 I 』 1988; 국립중앙박물관, 『신암리 II 』 1989.

74) 동국대학교매장문화재연구소, 「울산 황성동 세죽 패총 유적」, 현장 설명회 자료, 2000; 황창한, 「울산 황성동 세죽유적」, 『한국 신석기 시대의 환경과 생업』 2001.

75) 심봉근·이동주, 『울산우봉리유적』, 동아대학교 박물관, 1997.

76) 2000년 상반기 신라대학교 박물관의 지표조사 과정에서 발견.

77) 전호태, 「울산대곡리반구대암각화 형상 재분류 및 새김새 재검토-울산대박물관 실측자료를 중심으로-」 『울산사학』9, 2000.

78) 황상일·윤순옥, 「울산 태화강 중·하류부의 Holocene 자연환경과 선사인의 생활변화」 『한국고고학보』43, 2000.

79) 전호태, 「청동기시대 울산의 집과 마을」 『울산사학』11, 2004.

80) 부산대학교 박물관, 『울산 검단리 마을유적』 1995.

81) 영남문화재연구원, 「울산 천상리 취락유적 발굴조사」, 『현장설명 회 자료』 24, 2000.

82) 유병일, 「울산 방기리 청동기시대 취락지」, 『영남고고학보』 19집, 1996.

83) 밀양대학교 박물관·동의대학교 박물관, 「울산 야음동 유적」, 『현 장설명회 자료』, 2001.

84) 경남대학교 박물관·밀양대학교 박물관, 「울산 무거동 옥현유적」, 『현장설명회 자료』, 1998·1999; 이현석 「울산 무거동 옥현유적에 대하여」, 『울산연구』2, 울산대학교박물관, 2000.

85) 영남대학교박물관, 『울산봉계리유적』, 학술조사보고 제36책, 2000.

86) 1999년 울산대학교 박물관에서 발굴조사.

87) 경남대학교박물관, 「울산구영리유적」, 『대학과 발굴 I 』, 한국대학 박물관협회, 1996.

88) 2000년 울산대학교박물관에서 발굴조사.

89) 부산대학교 박물관, 『울주양동유적조사개보』, 1985.

90) 박광춘, 『언양교동리유적』, 동아대학교 박물관·한국도로공사, 2000.

91) 울산대학교박물관, 『울산연암동유적-부.울산화정동유적』2001.

92) 1999년 울산대학교박물관에서 발굴조사.

93) 한국문화재보호재단, 『울산시 부곡동 252-5번지 일대 한국카프로락탑(주) 공장부지발굴조사 보고서』, 2000.

94) 울산문화재연구원, 「울산 신정동유적」『현장설명회자료』, 2001.

95) 유병일, 「울산 다운동유적의 청동기시대 주거지양상」, 『울산연구』2, 울산대학교 박물관, 2000.

96) 창원대학교 박물관, 『울산 다운동 운곡유적』, 1998.

97) 영남문화재연구원, 「울산 창평동유적 발굴조사」, 『현장설명회 자료』, 2001.

98) 김영민, 「울산 연암동형 주거지의 검토」, 『울산연구』2, 울산대학교 박물관, 2000; 울산대학교박물관, 『울산연암동유적-부·· 울산화정동유적』, 2001.

99) 경남대학교박물관, 『김해 덕산리유적 - 부 울산 호계리 주거지』, 1995.

100) 영남문화재연구원, 「울산-강동간 도로4차선 확장포장공사구간 내 문화재 시굴조사 결과보고서」, 2000; 울산문화재연구원, 「울산 신현동유적」『현장설명회자료』, 2001.

101) 전호태, 「청동기시대 울산의 집과 마을」『울산사학』11, 2004.

102) 창원대학교박물관, 『울산군 문화유적원부』, 학술조사보고 제8책, 1995 ; 창원대학교박물관, 『울산시 문화유적원부』, 학술조사보고 제17책, 1997; 심봉근·이동주, 『문화유적발굴예비조사보고』, 동아대학교 박물관, 1997; 영남문화재연구원·국립경주박물관, 『문화유적 정밀지표조사 보고서』, 학술조사보고 제5책, 1997; 유병일, 「청동기시대 지석묘의 입지와 상석의 일고찰-넓은 의미의 취락연구에 관한 기본적인 접근」『울산연구』3, 2001 등이 참고된다.

103) 창원대학교박물관, 『울산 다운동 운곡유적』, 1998에서는 이 유구가 의례시설일 가능성도 배제하지 않고 있다.

104) 남구 야음동유적 및 남구 무거동 옥현유적, 범서 굴화리유적, 온양 발리유적(울산문화재연구원, 「울산 발리 유적」, 『현장설명회 자료』2001) 등에서 논과 논둑의 흔적이 확인되며, 발견사례는 계속

증가하는 추세이다.

105) 이와 관련하여 반구대 암각화를 농경의 비중이 높아가던 청동기시 대의 수렵·어로집단의 생존전략적 의례의 결과물일 가능성에 대해 서도 검토할 것을 요구한 김권구의 지적은 의미가 깊다고 하겠다. (김권구,「울주 대곡리반구대암각화의 이해와 연구방향에 대하여」 『울산연구』1, 울산대학교박물관, 1999)

106) 남구 무거동 옥현유적에서는 집터 73동과 논층이, 남구 야음동유적 에서는 집터 44동과 논층이 함께 발견되었다.(경남대학교박물관· 밀양대학교박물관,「울산 무거동 옥현유적」,『현장설명회 자료』, 1998·1999; 밀양대학교박물관·동의대학교박물관,「울산 야음동 유적」,『현장설명회 자료』, 2001)

107) 서영남·배진성,「울산지역에서 채집된 무문토기와 석기」,『한국 고대사와 고고학』, 2000.

108) 부산대학교박물관에서 1991년과 1992년에 2차례 발굴조사.

109) 울산대학교박물관 등에 의해 수차례 지표조사가 시행되었다.

110) 1961년 국립중앙박물관에서 발굴 조사.

111) 2000. 7. 12~10. 30일까지 울산대학교박물관에서 발굴조사, 울산 대학교박물관,「울산 대안리유적」『발굴결과 약보고서』, 2000.

112) 1995년 창원대학교박물관·신라대학교박물관(구 부산여자대학교), 울산대학교사학과(현 역사문화학과) 합동 발굴조사; 창원대학교박 물관·부산여자대학교박물관·울산대학교사학과,「울산다운동고분 군」『현장설명회자료』, 1995.

113) 1991~1994년까지 창원대학교박물관에서 발굴조사.

114) 창원대학교박물관,『울산군 문화유적원부』, 1995 ; 창원대학교박 물관,『울산시 문화유적원부』, 1997.

115) 울산문화재연구원,「울산 사연리유적」『현장설명회자료』 2001.

116) 전호태,「울주 대곡리, 천전리 암각화」『한국의 암각화』, 한국역사 민속학회편 한길사, 1996 및 위의 표1) 참조

117) 황상일·윤순옥,「반구대암각화와 후빙기 후기 울산만의 환경변화」 『한국제4기학보』9, 1995; 황상일·윤순옥,「울산 태화강 중·하류부 의 Holocene 자연환경과 선사인의 생활변화」『한국고고학보』43, 2000.

118) 영남문화재연구원, 「울산 천상리 취락유적 발굴조사」, 『현장설명회 자료』 24, 2000.

119) 울산대학교박물관, 「울산구수리유적」 『국도24호선(울산 - 언양)확·포장구간내유적』2005.

120) 경남대학교박물관, 「울산구영리유적」, 『대학과 발굴 Ⅰ』, 한국대학박물관협회, 1996; 유병일, 「울산 다운동유적의 청동기시대 주거지 양상」, 『울산연구』2, 울산대학교 박물관, 2000.

121) 창원대학교박물관, 『울산 다운동 운곡유적』, 1998.

122) 경남대학교박물관·밀양대학교박물관, 「울산 무거동 옥현유적」, 『현장설명회 자료』, 1998·1999.

123) 김권구, 「대곡리 반구대 암각화의 이해와 연구방향에 대하여」 『울산연구』1, 울산대학교박물관, 1999.

124) 서영남·배진성, 「울산지역에서 채집된 무문토기와 석기」, 『한국고대사와 고고학』, 2000.

125) 김원룡, 「울주 반구대의 암각화에 대하여」, 『한국고고학보』9, 한국고고학회, 1980.

126) 울산대학교박물관, 『울산반구대암각화』, 2000.

127) 울산대학교박물관, 『울산반구대암각화』, 2000.

128) 필자는 수 년 전부터 이 부분에 대해 문제를 제기하고 있다.(전호태, 「울주 대곡리, 천전리 암각화」『한국의 암각화』, 한길사, 1996.)

129) 이윤종·이인기, 「지질도폭설명서(언양도폭) 1:50,000」국립지질조사소, 1972.

130) 이상헌, 「천전리 각석과 대곡리 암각화의 보존에 대한 제언」(제5회 울산대학교 인문과학연구소 학술토론회 『천전리 각석과 대곡리 암각화의 중요성과 보존방안』발표요지, 1994.12.8)

131) 울산대학교박물관, 『울산반구대암각화』, 2000.

132) 경상일보 2000년 5월 4일자, 9면 보도: (그림1)의 암면H에 신원을 알 수 없는 인물이 날카로운 도구로 이름과 고기문양 등을 새긴 사건.

133) 전호태, 「울주 대곡리, 천전리 암각화」『한국의 암각화』, 한길사, 1996.

134) 황수영·문명대, 『반구대』, 동국대학교출판부, 1984; 울산대학교박

물관,『울산반구대암각화』, 2000.

135) 김수진, 「울산암각화의 보존문제」『암각화국제학술대회논문집』, 예술의 전당·울산시, 2000.

136) 김수진, 「울산암각화의 보존문제」『암각화국제학술대회논문집』, 예술의 전당·울산시, 2000.

137) Crosby, A., 1980. Conservation of painted lime plaster on mud brick walls at Tumacacori National monument, U.S.A 59~73, Third International Symposium on mudbrick(adobe) preservation, Ankara 1980 ICOM, ICOMOS; Rossi-Manaresi, R., 1981. Effectiveness of conservation treatments for the sandstone of monuments in Bologna 665~688 International Symposium on The conservation of Stone Part 2 Bologna, 27~30 October 1981, ICCROM, ICCMOS.

표 목록

그림 목록

참고문헌

보고서

경남대학교박물관, 「울산구영리유적」, 『대학과 발굴 I 』, 한국대학박
　　물관협회, 1996.

경남대학교박물관· 밀양대학교박물관, 「울산 무거동 옥현유적」, 『현
　　장설명회 자료』, 1998· 1999.

국립중앙박물관, 『신암리 I 』, 1988; 국립중앙박물관, 『신암리 II 』,
　　1989.

동국대학교매장문화재연구소, 「울산 황성동 세죽 패총 유적」, 현장설
　　명회 자료, 2000.

밀양대학교박물관· 동의대학교박물관, 「울산 야음동 유적」, 『현장설
　　명회 자료』, 2001.

부산대학교박물관, 『울주양동유적조사개보』, 1985.

부산대학교박물관, 『울산 검단리 마을유적』 , 1995.

심봉근· 이동주, 『울산우봉리유적』, 동아대학교 박물관, 1997.

영남대학교박물관, 「울산봉계리유적」, 『학술조사보고』 제36책, 2000.

영남문화재연구원· 국립경주박물관, 『문화유적 정밀지표조사 보고
　　서』, 학술조사보고 제5책, 1997.

영남문화재연구원, 「울산 천상리 취락유적 발굴조사」, 『현장설명회
　　자료』 24, 2000.

영남문화재연구원, 「울산-강동간 도로4차선 확장포장공사구간 내 문

화재 시굴조사 결과보고서」, 2000.

영남문화재연구원, 「울산 창평동유적 발굴조사」『현장설명회 자료』, 2001.

영남매장문화재연구원, 『울산천상리유적』, 2002

영남매장문화재연구원, 『울산창평동유적』, 2003

울산대학교박물관, 「울산 대안리유적」『발굴결과 약보고서』, 2000.

울산대학교박물관, 『울산반구대암각화』, 2000.

울산대학교박물관, 『울산 연암동유적-부.울산화정동유적』2001.

울산대학교박물관, 「울산구수리유적」『국도24호선(울산 - 언양)확· 포장구간내유적』2005.

울산문화재연구원, 「울산 신정동유적」『현장설명회자료』, 2001.

울산문화재연구원, 「울산 신현동유적」『현장설명회자료』2001.

울산문화재연구원, 「울산 발리 유적」『현장설명회 자료』2001.

울산문화재연구원, 「울산 사연리유적」『현장설명회자료』 2001.

울산문화재연구원, 『범서굴화오수중계펌프장건설부지내 울산백천유 적발굴조사보고서』, 2002

울산문화재연구원, 『울산 산업로 배면도로(율동~화봉택지) 개설구 간내(I·II구간)유적』현장설명회자료, 2002

울산문화재연구원, 『울산 산업로 배면도로(율동~화봉택지) 개설구 간내(III·IVI구간)유적』현장설명회 자료, 2002

울산문화재연구원, 「울주교동리자동차정비소부지내유적 발굴조사」 현장설명회자료, 2002

울산문화재연구원, 『울산발리유적』, 2003

울산문화재연구원, 『울산신정동유적』, 2003

울산문화재연구원, 『울산신현동황토전유적』, 2003

울산문화재연구원, 「남구옥동양궁경기장부지내유적」현장설명회자료, 2003

울산문화재연구원, 「울산-강동간 도로확장구간내 울산 산음 청동기 시대 취락」지도위원회 및 현장설명회 자료, 2003

울산문화재연구원, 「울산 북구 효문동 율동고등학교 건립부지내 유적 발굴조사」 지도위원회 자료, 2003

울산문화재연구원, 「울산 매곡지방산업단지내 문화유적 발굴(I지구)·시굴조사(3차시굴구간)」 지도위원회자료, 2003

울산문화재연구원, 「천상초·중학교 건립부지내 울산평천유적 발굴조사」 현장설명회자료, 2003

울산문화재연구원, 「천상초·중학교 건립부지내 울산평산유적 발굴조사」 지도위원회 자료, 2003

울산문화재연구원, 「울산북구효문동 율동고등학교 건립부지내 유적 추가발굴조사」 지도위원회 자료, 2004

울산발전연구원, 「울산 북구 연암중학교 건립부지 문화유적 시굴조사」 지도위원회자료, 2002

울산발전연구원, 「울산다운동 아파트 진입로개설부지 울산 다운동 유적 '마'구역 발굴조사」 지도위원회 자료, 2003

울산발전연구원, 「울산다운동유적 '바'구역 발굴조사」 지도위원회 자료, 2003

울산발전연구원, 「울산북구연암중학교건립부지문화유적발굴조사」 지도위원회자료, 2003

울산발전연구원, 「울산 천곡공동주택부지 가/나구역 발굴조사」 지도위원회 자료, 2003

울산발전연구원, 「울산 구영지구 택지개발사업지구내 문화유적 시굴조사」 지도위원회 자료, 2004.

울산발전연구원, 「울산 제2동천초등학교 부지내 유적 시굴조사」 지도위원회 자료, 2004

창원대학교박물관·부산여자대학교박물관·울산대학교사학과, 「울산 다운동고분군」 『현장설명회자료』, 1995.

창원대학교박물관, 『울산시 문화유적원부』 1997.

저서

金烈圭, 『韓國文學史-그 形象과 解釋』探究堂, 1983.

신숙정, 『우리나라 남해안지방의 신석기문화 연구』학연문화사, 1994.

任世權, 『韓國 先史時代 岩刻畵의 性格』, 檀國大學校 博士學位論文, 1994.

장명수, 『韓國岩刻畵의 文化相에 대한 연구』(인하대학교 박사학위논문, 2001).

정동찬, 『살아 있는 신화 바위그림』, 혜안, 1996.

한국역사민속학회 편, 『한국의 암각화』, 한길사, 1996.

논문

김영민, 「울산 연암동형 주거지의 검토」, 『울산연구』2, 울산대학교 박물관, 2000.

金元龍, 「울주 반구대 암각화에 대하여」『한국고고학보』9, 한국고고학연구회, 1980.

金元龍, 「藝術과 信仰」『韓國史論』13, 國史編纂委員會, 1983.문명대, 「울산선사시대 암벽각화」『문화재』7호, 문화재관리국, 1973.

박영철·이상길·서영남, 「경남 울산 무거동 옥현유적의 구석기시대 유물 검토」, 『영남고고학』26, 2000.

서영남·배진성, 「울산지역에서 채집된 무문토기와 석기」, 『한국 고대사와 고고학』, 2000.

송화섭, 「한국의 암석각화와 그 의례에 대한 고찰」, 『한국사상사』, 석산한종만박사화갑기념논문집, 원광대학교출판국, 1991.

유병일, 「청동기시대 지석묘의 입지와 상석의 일고찰-넓은 의미의 취락연구에 관한 기본적인 접근」『울산연구』3, 울산대학교박물관, 2001.

유병일, 「울산 방기리 청동기시대 취락지」, 『영남고고학보』 19집, 1996.

유병일, 「울산 다운동유적의 청동기시대 주거지양상」, 『울산연구』2, 울산대학교 박물관, 2000.

이현석 「울산 무거동 옥현유적에 대하여」, 『울산연구』2, 울산대학교 박물관, 2000.

任世權,「한국 선사바위그림의 연대에 대하여」『藍史鄭在覺博士古稀紀念史學論叢』, 1984.

任章赫,「大谷里 岩壁彫刻畵의 民俗學的 考察」『韓國民俗學』24, 民俗學會, 1991.

임재해, 「암각화를 통해 본 탈의 기원과 그 기능의 변모」『민속연구』7, 안동대학교민속학연구소, 1997.

장명수, 「울산 대곡리 암각화인들의 생업과 신앙」『인하사학』5, 1997.

장석호, 「울산암각화의 형상분석과 양식비교」, 『암각화국제학술대회논문집』, 예술의전당·울산시, 2000.

전호태,「울산대곡리반구대암각화보존론」『한국암각화연구』2, 2000.

전호태, 「울산대곡리반구대암각화 형상 재분류 및 새김새 재검토-울산대박물관 실측자료를 중심으로-」『울산사학』9, 2000.

鄭東燦, 「우리나라 선사바위그림의 연구-대곡리 선사바위그림을 중심으로」(연세대 대학원 석사학위논문, 1986.

정동찬, 「울주 대곡리 선사바위그림의 연구」『손보기박사 정년기념 고고인류학론총』 지식산업사, 1988.

정동찬, 「울주대곡리의 선사바위그림 연구」『손보기박사회갑기념고고인문학논총』, 1988.

황상일·윤순옥, 「반구대암각화와 후빙기 후기 울산만의 환경변화」『한국제4기학보』9, 1995.

황상일·윤순옥,「울산 태화강 중·하류부의 Holocene 자연환경과 선
　　사인의 생활변화」『한국고고학보』43, 2000.

黃龍渾,「韓半島 先史時代 岩刻의 製作技術과 形式分類」『考古
　　美術』127(韓國美術史學會, 1975; 黃龍暈,『동북아시아의 岩刻
　　畵』, 민음사, 1987에 재수록)

황용훈,「한반도 선사시대 암각의 제작기법과 형식분류」,『고고미술』
　　127, 한국고고미술사학회, 1975.

황창한,「울산 황성동 세죽유적」,『한국 신석기시대의 환경과 생업』
　　2001.

Abstract

Petroglyph of Ulsan

Petroglyph of Bangudae in Daegokri is located on the rockwall of Daegokcheon river midstream, a tributary of Taehwa river. In 1970s, the early period of the discovery of site, people were most interested in the worked age & inscribed way of the petroglyph. In 1980s, areas other than archaeology began to approach the subject, and people began to study a motive of the petroglyph, meanings, and purposes. After mid 1990s, many attempts to synthesize the achievements from last 20 years, and to set a new direction of studies, were made. The actual measurement data of figures expressed in petroglyph, was presented in a report of minute measurement 'Ulsan Bangudae Petroglyph' by the Museum of UOU, so it could be used in international academia for petroglyph. This seems to be one of the most outstanding achievement of research and study of petroglyph made in past 30 years after the discovery. Under a carefully made research, petroglyph was found in 12 surfaces of rock including. The number of various being established by organization of museum of UOU, goes over the number of 296. The best plan to preserve Bangudae petroglyph site, is to maintain or recover the environmental condition of the period it was made. At present, several plans are available; minimizing a total storage of Sayeon Dam, changing a section of path of Daegokcheon river, which flows by the site, and regulating amount of storage of water in Daegok Dam, which is planned to be built at upper river.

찾아보기